福建省高职高专旅游大类十二五规划教材

酒吧操作实务

主　编◎傅生生
副主编◎付建丽

厦门大学出版社 XIAMEN UNIVERSITY PRESS | 国家一级出版社 全国百佳图书出版单位

高职高专旅游大类十二五规划教材编写委员会

主　任　黄克安(福建商业高等专科学校　校长)

副主任　黄亚惠(闽北职业技术学院　院长)

林松柏(黎明职业大学　校长)

王　瑜(福建商业高等专科学校旅游系　主任)

秘书长(兼)　王　瑜(福建商业高等专科学校旅游系　主任)

委　员

王喜华(漳州职业技术学院管理系　主任)

李冬梅(黎明职业大学外语系　主任)

宋文艳(厦门大学出版社　总编)

陈白璧(福州对外贸易职业技术学院　旅游专业负责人)

张完英(闽北职业技术学院管理系　主任)

林　东(福州职业技术学院管理系　副主任)

喻荣春(厦门城市职业学院　旅游专业负责人)

檀小舒(闽西职业技术学院旅游系　主任)

李建中(香港柏美规划设计研究院　董事副院长,浙江远见旅游规划设计研究院　副院长)

金文龙(福州阳光假日大酒店　总经理)

林军华(福州最佳西方财富大酒店　总经理)

前 言

酒吧起于美国，风行欧洲，是欧美发达国家人们社交、休闲的重要场所。20 世纪以来，它在日本、韩国等地发展迅猛，并以惊人的速度风靡整个亚洲。改革开放以来，随着我国人民生活水平的日益提高，人们对生活质量提出了更高的要求，酒吧也逐步成为许多中国人休闲生活中的重要组成部分。

当今世界是一个开放的世界，任何行业都将走向国际化，酒吧业更不能例外。因此，酒吧业就面临着更多的新环境、新挑战，酒吧的经营管理人员就必须以适应新环境、新情况的新观念、新思路、新理论、新知识、新方法来代替粗放式的管理模式，做一个成功的酒吧管理人。

本教材从酒水知识、酒吧服务与管理两个关键点切入，全书共分八章，按照酒吧经营的实际操作过程组合为准备篇、经营篇、提升篇，系统介绍了发酵酒、蒸馏酒、配制酒、鸡尾酒的有关知识，同时结合酒吧管理的实际经验分别介绍了酒吧的酒水服务、营销管理、采购管理等知识。编排上除主要的知识内容外，每章都附有教学目标、教学小结，课后还附有专门的练习和相关案例。针对不同的讲授知识，还链接了一些小资料，这既丰富了全书的内容，也便于教学和培训。全书融理论性、实践性为一体，特别重视学生实践能力的提高，从而也为学生今后考取调酒师资格证书打下了一定的基础。

本教材由闽西职业技术学院的傅生生、付建丽两位老师编著，其中准备篇由傅生生老师编写，付建丽老师负责编写经营篇、提升篇，全书由傅生生老师统稿。在编写过程中，参考了国内外酒吧管理研究的一些新成果，并引用了其中的一些观点和资料，同时还得到了厦门大学出版社的大力支持，在此一并表示衷心的感谢！

编 者

2013 年 5 月

目 录

准备篇

经营篇

提升篇

准备篇

第一章

酒吧的定位

第一节　酒吧的形象定位：酒吧的类型与风格

一、实训操作

【实训项目】酒吧形象定位。

【实训要求】通过对酒吧形象定位的实训，使学生了解酒吧的类型与风格。

【评价标准】通过此项实训，使学生能准确地判断酒吧的类型与风格。

二、基础知识

(一)酒吧类型

对酒吧进行分类研究可使经营者了解不同的酒吧类型及经营模式上的不同特点，以使酒吧经营者明确经营方向，使经营方向更好地适应目标客人的需求。

酒吧种类繁多，分类的方法也不尽相同。如根据服务内容分类，可将酒吧分为纯饮品酒吧、供应食品酒吧、娱乐型酒吧、休闲型酒吧、俱乐部沙龙酒吧；根据经营方式分类，可将酒吧分为附属经营型酒吧和独立经营型酒吧；根据服务方式分类，可将酒吧分为立式酒吧、服务酒吧等。

1. 根据服务内容分类

(1)纯饮品酒吧

此类酒吧主要提供各类饮品，也有一些佐酒小吃，如果脯、腰果、果仁、花生等坚果类食品，因为据科学验证，人们喝酒之后流失最多的就是坚果类食品中所含的物质。此类酒吧多设置在娱乐中心、机场、码头、车站等地。

(2)供应食品的酒吧

此类酒吧还可进一步细分为：

①餐厅酒吧：在酒吧分类中属于水吧，一般出品水果、酒水、烟、小吃、软饮、茶等，酒水为食物经营的辅助品，仅作为吸引客人消费的一个手段，所以酒水利润相对于单纯的酒吧类型

要低，品种也较少。但目前在高级餐厅中，其品种及服务有增强趋势。

②小吃型酒吧：一般来讲，供应食品的酒吧，其吸引力总是要大一些，客人消费也会多一些，所以建议有可能的情况下供应适量的食品，这样会使客人增加消费。小吃的品种往往是具有独特风味及易于制作的食品，如三明治、汉堡、炸肉排、鸭舌等，在这种以酒水为主的酒吧中，小吃的价格高些客人也会接受。

③夜宵式酒吧：往往是高档餐厅夜间经营场所。入夜，餐厅将环境布置成类似酒吧型，有酒吧特有的灯光及音响设备；在产品上，酒水与食品并重，客人可单纯享用夜宵或其特色小吃，也可单纯用饮品，环境与经营方式对某些人也具相当的吸引力。

(3)娱乐型酒吧

这种酒吧的环境布置及服务主要是为了满足寻求刺激、兴奋或发泄情绪的客人，所以这种酒吧往往会设有乐队、舞池、卡拉OK、时装表演等，有的甚至以娱乐为主、酒吧为辅，所以其吧台在总体设计中所占空间较小，舞池较大。此类酒吧气氛活泼热烈，受到大多数年轻人的喜欢。

(4)休闲型酒吧

此类酒吧通常被称为茶座，是客人松弛精神、怡情养性的场所。主要为满足寻求放松、谈话、约会的客人，所以座位会很舒适，灯光柔和，音响音量较小，环境温馨优雅，除其他饮品外供应的饮料以软饮为主，咖啡是其所售饮品中的一个大项。

(5)俱乐部、沙龙型酒吧

由具有相同兴趣爱好、职业背景、社会背景的人群组成的松散型社会团体，在某一特定酒吧定期聚会，谈论共同感兴趣的话题，交换意见及看法，同时有饮品供应，比如在城市中可看到的"企业家俱乐部""股票沙龙""艺术家俱乐部""单身俱乐部"等等。

2.根据经营形式分类

(1)附属经营酒吧

①娱乐中心酒吧：附属于某一大型娱乐中心，客人在娱乐之余为增兴，往往会到酒吧饮一杯酒，此类酒吧往往提供酒精含量低及不含酒精的饮品，属增兴服务场所。

②购物中心酒吧：大型购物中心或商场也常设有酒吧，大多为人们购物休息及欣赏其所购置物品而设，主营不含酒精饮料。

③饭店酒吧：为旅游住店客人特设，也接纳当地客人。酒吧的初级形式是在饭店中出现的，虽然现已有许多酒吧独立于饭店存在，但饭店中的酒吧仍是随饭店的发展而发展的，且饭店中的酒吧往往有可能是某一地区或城市中最好的酒吧，饭店中酒吧的设施、商品、服务项目也较全面，客房中可有小酒吧，大厅有鸡尾酒廊，同时还可根据客人需求提供歌舞厅等结合饭店特点及满足客人不同喜好的各种服务。

(2)独立经营酒吧

相对前面所介绍的几类而言，此类型的酒吧无明显附属关系，单独设立，经营品种较全面，服务设施等较好，间或有其他娱乐项目，交通方便，常能吸引大量客人。

①市中心酒吧：顾名思义，这类酒吧的地点在市中心，其设施和服务一般趋于全面，常年营业，客人逗留时间较长，消费也较多。因地处市中心，此类酒吧竞争压力很大。

②交通终点酒吧：设在机场、火车站、港口等旅客中转地，是旅客消磨等候时间、休息放松的酒吧。此类型客人一般逗留时间较短、消费量较少，但周转率很高。此类酒吧一般品种较少，服务设施也比较简单。

③旅游地酒吧：设在海滨、森林、温泉、湖畔等风景旅游地，供游人在玩乐之后放松，一般都有舞池、卡拉OK等娱乐设施，但所经营的饮料品种较少。

④客房小酒吧：此类酒吧设在酒店客房内，客人自行在房内随意饮用各类酒水或饮料，现已普及于各大高级宾馆。

3.根据服务方式分类

(1)立式酒吧

立式酒吧是传统意义上的典型酒吧，即客人不需服务人员服务，一般自己直接到吧台上喝饮料。"立式"并非指宾客必须站立饮酒，也不是指调酒师或服务员站立服务而言，它只是一种习惯的称呼。

在这种酒吧里，有相当一部分客人是坐在吧台前的高脚椅上饮酒的，而调酒师则站在吧台里边，面对宾客进行操作。因调酒师始终处在与宾客的直接接触中，所以也要求调酒师始终保持整洁的仪表、谦和有礼的态度，当然还必须掌握熟练的调酒技术来吸引客人。传统意义上立式酒吧的调酒师，一般都单独工作，因为不仅要负责酒类及饮料的调制，还要负责收款工作，同时必须掌握整个酒吧的营业情况，所以立式酒吧也是以调酒师为中心的酒吧。

(2)服务酒吧

服务酒吧多见于娱乐型酒吧、休闲型酒吧和餐饮酒吧。顾名思义，是指宾客不直接在吧台上享用饮料，而通常是通过服务员开单并提供饮料服务。调酒师在一般情况下不和客人接触。

服务酒吧为餐厅就餐宾客服务，因而佐餐酒的销售量比其他类型酒吧要大得多。不同类型服务酒吧供应的饮料略有差别，销售区别较大。同时服务酒吧布局一般为直线封闭型，区别于立式酒吧，调酒师必须与服务员合作，按开出的酒单配酒及提供各种酒类饮料，由服务员收款，所以它是以服务员为中心的酒吧。此种酒吧与其他类型酒吧相比，对调酒师的技术要求相对较低，因为服务酒吧通常是一名调酒师的工作起点。

①鸡尾酒廊：属服务酒吧类，通常位于饭店门厅附近，或是门厅的延伸或是利用门厅周围空间，一般没有墙壁将其与门厅隔断，同时鸡尾酒廊一般比立式酒吧宽敞，常有钢琴、竖琴或小乐队为宾客表演，有的还有小舞池供宾客随兴起舞。

②宴会、冷餐会、酒会等提供饮料服务的酒吧：这种酒吧不提供座位，客人多采用站立的方式，其服务方式既可统一付款，也可客人为自己所喝的饮料单独付款。宴会酒吧的业务特点是营业时间较短、宾客集中、营业量大、服务速度相对要求快，基本要求是酒吧服务员每时能服务100人次左右的宾客，因而服务员必须头脑清醒、工作有条理且具有应付大批宾客的能力。由于宴会酒吧的特点，服务员事前必须将各种酒类、原料、配料、酒杯、冰块、工具等准备充足，以免影响服务质量。

(二)酒吧的风格

一个好的酒吧，除了拥有好的设计，好的装修，好的灯光、气氛之外，一个定位准确的主题更会使酒吧锦上添花。以下是我国较为著名的主题酒吧介绍：

1.上海夜色酒吧(见图1-1)——坚决和陌生人说话

酒吧自然以空间、音乐、美酒为主，但上海夜色酒吧却向传统的酒吧说不。夜色酒吧告诉你，在这里你要"坚决和陌生人说话"。留心处处皆风景，夜色酒吧为前来泡吧的人准备了五种方式，可以帮你抓住瞬间的缘分。你可以纸鹤飞鸿，可以电话传情，可以使用交友引荐卡，可以在留言板上留言，也可以登录酒吧网站寻找更多朋友，让虚拟与现实完美结合。

图 1-1　上海夜色酒吧

2. 北京 GT Banana 酒吧(见图 1-2)——太空舱里开 party

不知道 GT 就不是潮人，这不仅因为 GT 是所有豪华跑车的缩写，是品位和力度的象征；更因为北京最具有意大利顶级跑车气质的俱乐部——GT Banana 酒吧。GT Banana 动感前卫、绚酷时尚、独特而又舒适。俱乐部内部，则俨然是一个动感与科技结合的巨大太空舱，坐在位于三层的卡座内，环顾四周，美女、帅哥尽收眼底。

图 1-2　北京 GT Banana 酒吧

3. 成都芭比酒吧(见图 1-3)——享受被保护的感觉

该酒吧活动空间很大，灯光运用非常合理，所有的包厢都很舒适，但芭比并不张扬，而是沉实地做好每一项服务，让你拥有芭比公主般被保护的感觉。在这里你会觉得自己就是一个演员，在每个黑夜表演着与白天不同的人生，体验着另一个自己。

图 1-3　成都芭比酒吧

三、能力测验

选择一间当地酒吧，对其类型和风格进行判断。

第二节　酒吧的营销定位：酒吧的市场与顾客

一、实训操作

【实训项目】酒吧的营销定位。

【实训要求】通过对酒吧营销定位的实训，使学生了解区分酒吧客户的类型、应客户需求提供产品、了解市场环境并最终树立良好的酒吧形象。

【评价标准】通过此项实训，使学生能在酒吧对客人服务中针对不同的客人提供不同的产品和服务，达到树立酒吧良好形象的目的。

二、基础知识

酒水的销售额在饭店的总营业额中虽然不占最大比重，但其利润率却是不可低估的。通常，普通饭店酒水的平均毛利率可以达到70%，高档饭店甚至可以达到80%。在宴会中，酒水销售的金额有时高达菜肴消费的2/3，但酒水的成本远比菜肴的成本低得多。因此，做好酒吧的营销工作，提高酒水的销售额，实际上是用较小的成本，为酒吧赢得更大的利润。

在做营销计划时，首先是选择市场，确认目标顾客群，然后确定目标顾客群的需要，设计产品和服务。如果这些基本要素得到确认，那么酒吧在吸引顾客和销售产品方面的问题也就迎刃而解了。

(一)确定目标顾客

人们来酒吧消费往往具有不同的目的。通常情况下，喝酒并不是最原始的动机，我们可以根据顾客来到酒吧的不同目的将顾客分成不同的类型。

1.就餐的顾客

这类顾客的目的是就餐，而酒类作为佐餐品，增加了顾客体验的整体乐趣。虽然食物也许是顾客的第一目的，然而通常情况下他们对酒类也会有所需求。

2.过路的顾客

这类顾客的目的通常都是为了使自己恢复精力，在一天的劳累后做短暂的休息。那些在酒吧里等飞机、火车或约会朋友的人也属于此类。而为这些顾客提供服务的酒吧通常位于办公楼或工厂附近，还有些建在汽车站、火车站、机场或酒店的休息室内。

3.休闲的顾客

这类顾客有闲暇时间放松心情，他们喜欢到酒吧，是因为这些地方有音乐、游戏、舞蹈和与新朋友结识的机会，在这里他们能够接触社会时尚。

4.聚会的顾客

在一些酒吧里，熟识的人经常聚集在一起，他们乐于享受生活、放松心情，但他们最原始的目的是与自己熟识并喜欢的人在一起。在酒吧里，顾客觉得像在家里一样心情舒适，有归属感。

大多数顾客都属于以上几个类型组群。在以上四个宽泛的顾客类型中还存在许多子群，划分的标准主要有生活格调、兴趣、年龄、工资水平、家庭情况、职业及社会地位等。另外，由于某个共同的兴趣(如足球、爵士乐)可以形成更具体的子群。

企图吸引所有的顾客，这是不切实际的。对任何酒吧来讲，其经营者都应该把主要精力放在单一的目标顾客群体中，并使整个酒吧的经营活动都围绕这个群体。当然，酒吧也可以同时接待两个或两个以上的不同顾客群体。通常情况下，只要把不同的目标顾客分开，就可以同时为他们服务。例如，可以在同一间酒吧的不同房间或不同楼层内为不同的顾客提供服务。

(二)设计酒吧产品

酒吧选定了目标顾客之后，就应努力了解顾客的需要，尽量满足顾客的需求，包括外在的需求和内在的需求。然后，根据顾客需求设计酒吧的产品和服务，包括酒吧的地点、设施设备、气氛环境、饮品食品、服务项目、营业时间和收费标准等。由于顾客的类型不同，他们的期望值也会有所不同，但是不论对于哪一种顾客，都应该让他们感觉到酒吧提供的产品和服务是物有所值的。

此外，酒吧还要对自己的竞争对手有所了解，知道他们是如何为顾客服务的。在竞争的环境中，酒吧的产品和服务与竞争对手相比应具有明显的差异和优势，否则就无法吸引顾客。简单模仿、抄袭别人经营模式的酒吧是很难成功的。那么，怎样才能使酒吧保持差异和优势呢？首先，要密切注意周围环境的变化，敏锐地观察其他酒吧的情况及其顾客的想法；

其次，还要准确应对顾客口味的变化，积极地调整自己的产品。只有坚持创新的工作态度和对顾客意见迅速反馈的工作方法，才能使酒吧在竞争中立于不败之地。

(三)分析市场环境

1. 选择恰当的地址

酒吧选址时要注意选择与目标市场邻近的地点，同时注意所选地点是否存在竞争对手。具体的选择方法应根据酒吧的顾客市场来决定。如果目标市场是就餐的顾客，则应选择居民区、工作区或两者兼有的地区；如果目标市场是娱乐消遣的顾客，则最好选择一个时尚、繁华的地点；如果目标市场是过路的顾客，酒吧应选择在人流较多的路线上。

2. 了解潜在顾客市场

一旦酒吧经营者对于选址问题有了一个整体构架，就应着手了解所选地点及邻近地段是否存在足够的潜在顾客市场。例如，考察人口密度、交通要道数、城市规划、居民身份、工资水平、教育程度、消费习惯等统计资料。

3. 分析市场竞争环境

酒吧还要对市场竞争情况进行分析，看看所选地区顾客需求被满足的程度。调查此地的所有酒吧，研究它们的产品，估计其销售量，并把这些酒吧与自己的构想进行对比，考虑存在的竞争和市场潜力，判断此地是否还有发展空间。

4. 分析财务的可行性

最后，对所选地区及目标市场进行财务可行性分析，估算全部资金需求，包括土地和建筑物费用、家具设施费用、开业费用以及开业之初的经营亏损储备金。另外，还要做一个详细的经营计划和经营预算。在计算销售额时应保守一些，而在估算费用时则应留有较大的浮动额。如果根据期望利润率得出入不敷出的结果，则该地区及目标市场的项目为不可行。

(四)树立酒吧形象

酒吧要在市场中树立自己的形象，扩大酒吧的知名度和吸引力，就要使目标市场的顾客了解其经营理念、服务思想、品牌特色、酒水品种，就必须通过一定手段向顾客展示自己的产品，吸引顾客，从而使顾客从视觉、行为和观念上认同酒吧。

1. 使顾客知晓酒吧

一个成功的酒吧必须在当地市场上有一定的知名度，这就要通过各种形式的推销手段，让顾客或大众了解酒吧的名称、位置、提供的服务内容和服务特色。

2. 使顾客喜爱酒吧

酒吧通过提供高质量的酒水和一流的服务来满足顾客的需要。让顾客从心理和行为上喜爱酒吧的产品和服务，从而喜爱酒吧。

3. 使顾客认同酒吧

通过酒吧提供的产品、服务以及各种宣传，让顾客明确酒吧的价值观念、质量标准、服务特点等，使顾客认同酒吧的经营思想和服务理念。

4. 使顾客信赖酒吧

顾客对酒吧服务、价值观的信赖是其再次光临的基础，而且会对酒吧起口头宣传的作用。

三、能力测验

1. 针对聚会的客人,设计出适合其消费的酒吧产品。
2. 针对休闲的客人,设计出适合其消费的酒吧产品。

第三节　酒吧的选址

一、实训操作

【实训项目】酒吧选址。

【实训要求】通过对酒吧选址的实训,使学生了解酒吧选址的影响因素。

【评价标准】通过此项实训,使学生能准判断酒吧选址是否合适。

二、基础知识

酒吧的位置对酒吧经营有决定性影响。若酒吧的位置选择不当,那经营就很难成功。酒吧选址时,除了要以市场分析的资料为依据外,还要收集与市场相关的信息。

1. 地区经济

作为酒吧的投资者,首先应该掌握该区域近几年来的经济发展情况,要注意收集和评估所在地区商业发展的数据及其因素。

2. 城市规划

区域规划往往会涉及建筑的拆迁或重建,如果未经分析就盲目投资,而在成本收回之前就遇到了拆迁,则酒吧无疑会蒙受损失,或者失去原有的地理优势。所以在确定酒吧位置之前,一定要向有关部门事先了解清楚,以免造成不必要的损失。

3. 竞争情况

竞争情况是直接影响酒吧经营的不可抗拒因素,需要认真调查研究,对于竞争的评估可以从两个方面来考虑。一方面是相同区域内是否有相同的酒吧进行直接竞争,这一点自然是消极的因素。另一方面是非直接竞争,包括相同区域内是否有提供不同饮品和不同服务的酒吧,这一点有时会成为积极的因素。没有竞争的地方,从顾客方面来讲也意味着没有吸引力。酒吧所在地点缺少任何一种形式的竞争都是值得考虑的,这可能是一个潜在的绝好地点,但也可能是个很糟糕的地点。在同一地区并非不能同时并存相类似的几家酒吧,有时候几家酒吧在一起也未必不是一件好事,因为客人认为有较多的选择,反而使该地区有更大的消费吸引力,从而会使整个地区的酒吧生意因人们不约而同的光顾而更加兴隆。但应尽量避免与其他酒吧门对门地经营,这会对销售造成不利的影响。

4. 规模和外观

酒吧的潜在容量要能达到可以容纳足够的空间建筑物、停车场和其他的必要设施。酒吧位置的地面形状以长方形、方形为好，圆形也可。三角形或多边形除非非常大，否则是不足取的，因为长方形的土地利用率较高。因此，在对地点的规模和外观进行评估时要充分考虑到未来消费发展的可能。

5. 能源供应情况

能源主要是指水、电、天然气等经营必须具备的基本条件。在这些因素中，水的品质应作为优先考虑因素，因为水质的好坏直接关系到冰块及调制冷热饮品的效果。

6. 流动人员

流动人员因素主要影响着客人的多少及种类等。因此对流动人员定要仔细分析，综合人员流动特点，选择适当的位置和酒吧的种类。酒吧应尽量选择人群集中的地方经营，这样可以保有一定的知名度及销售收入。

7. 地点特征

地点特征显示出与人们外出活动或人群聚集相关的位置因素。要充分考虑购物中心、商业中心、娱乐中心的距离和影响，这些地点由于人群聚集，即使是在离酒吧几里以外的地点，仍能对酒吧的推销产生影响。另外还应考虑所在地是否是交通目的地，有些地点看似交通流量很大，但由于附近没有可以使其停留的因素，不可能形成必要消费群，这类地点也是绝不可取的。在可能的情况下，酒吧要尽量选择距商业中心、购物中心、文化中心、交通终点、旅游景点等较近的地点。

8. 交通状况

交通状况是指车辆的通行状况和行人的多少。交通状况往往意味着客源，但客源的多少绝不等同于交通的频繁程度，有的地区尽管交通频繁，但客人却没有购买机会或欲望。但通常情况下，在选择酒吧位置时，应获得本地区车辆流动的数据及行人流动的资料，以保证酒吧建成后，有相当数量的客源。一个地区的交通情况尤为重要，因为它不仅影响酒吧的营业量，有时甚至还可决定酒吧必须采取何种服务方式。很显然，酒吧具体位置的交通方便程度，停车、进出的方便程度必将影响客人是否愿意光顾。很多时候由于客人不愿意经过十分拥挤、危险的交叉路口才能到达酒吧，致使许多店家失去相当可观的生意。在必要的时候，可以参照当地的一些交通规划，以免因为交通线路的改变而影响生意。

9. 酒吧可见度

酒吧可见度是指酒吧的显眼程度。也就是说，无论顾客从哪个角度看，都应可以获得对酒吧的感知。酒吧可见度可由从驾车方向或徒步进入酒吧的方位来评估。酒吧可见度往往会影响酒吧的吸引力。

10. 公共服务

酒吧及其娱乐设施必须使用到一系列公共设施，但其中有许多设施并不是现成的。在实践中常常有因为当地有关部门拒绝扩建一些必要的公共设施，使酒吧营建计划落空的例子。因而，酒吧及娱乐设施建设也需先调查选址附近是否有可供使用的公共设施。消防、垃圾废物处理和其他所需的服务都包括在这个因素里。目标地点所需服务的设施、费用和品质都是应该评估的，这些信息可从当地有关部门中获得。

11. 停车设施

现代的酒吧必须有足够的停车设施，因此，筹建酒吧应配套建造足够的停车场，如果附近有公共停车场也可以。当然建造停车场也不应因占地太多而增加成本，而且停车场面积太大也会使本来十分紧凑、十分兴旺的地段显得空旷萧条。

三、能力测验

选取当地一间酒吧，对其选址进行分析。

第二章

酒吧用品的采购

第一节　酒水认知

一、实训操作

【实训项目】酒水认知。

【实训要求】通过酒水认知的实训，使学生掌握发酵酒、蒸馏酒、配制酒的相关知识。

【评价标准】通过此项实训，使学生能准掌握发酵酒、蒸馏酒、配制酒的概念、生产工艺、著名产地、品牌、储存方式、口味特点、服务方式，以及用其调制的鸡尾酒。

二、基础知识

(一)发酵酒

发酵酒主要包括葡萄酒、啤酒、中国黄酒三种。

1. 葡萄酒

葡萄酒是指把压榨葡萄果粒所得的葡萄浆或葡萄汁充分或部分地发酵后所得的一种含酒精的产品。根据国际葡萄与葡萄酒组织(OIV，1996)的规定，葡萄酒只能是破碎或未破碎的新鲜葡萄果实或葡萄汁经完全或部分酒精发酵后获得的饮料，其酒度不能低于 8.5°。但是，根据气候、土壤条件、葡萄品种和一些葡萄酒产区特殊的质量因素或传统，在一些特定的地区，葡萄酒的最低酒度可降低到 7.0°。

(1)葡萄酒的酿制工艺

无论是什么类型的葡萄酒，都是以葡萄浆果为原料生产的。葡萄浆果的成熟决定着葡萄酒的质量和种类，是影响葡萄酒生产的主要因素之一。在大多数葡萄酒产区，只有用成熟度良好的葡萄果实才能生产出品质优良的葡萄酒，通常所说的好年份是指夏天的气候条件有利于果实成熟的年份。但在气候较为炎热的地区，应尽量避免葡萄过熟。在有的产区，根据采收时期的早晚，既可生产具有一定酸度、果香味浓的干白葡萄酒，也可生产酸度较低、醇厚饱满的红葡萄酒或具有一定残糖的葡萄酒。因此，了解葡萄果实的成熟现象和果实中的成分，以及在成熟过程中的转化并根据需要进行控制，是保证葡萄酒质量的第一步。那么，怎样才能把大自然的杰作转化为琼浆玉液呢？通常，酿造葡萄酒需要经过以下几个关键步骤：

①收获

葡萄临近收获，采摘时机的选择是至关重要的。葡萄必须要完全成熟，而究竟要成熟到何种程度，各种葡萄是不同的。因为成熟的葡萄在光合作用中会生成糖并积累在果实中。同时，果实中的天然酸被分解。通过检测果实中汁液的密度才可以判断其成熟程度。这项检测多在葡萄园中进行，是通过光学仪器——折射仪来完成的。如果是酿制无甜味的酒，一定要注意不能让葡萄过熟，否则酿制的酒会缺少基本的酸味。而且推迟收获葡萄也会增加腐烂和遭到冰雹、霜降等特殊天气破坏的风险。

葡萄人工采摘进度很慢，所花代价也很高。在地形允许的情况下可以用机械收割，机械采收快速、高效，在天气恶劣的情况下更是不可缺少。但机械收割也有它的劣势，主要是采摘过程中损耗较大。

②去梗

"去梗"就是把葡萄果粒从葡萄的枝梗上取下来，因为这些葡萄梗含有特别多的单宁酸，在酒液中可能会形成一股令人不快的味道。葡萄酒若含有太高的单宁酸，味道会变得生硬、苦涩，在嘴里留下一种干涩的感觉。

在酿制红葡萄酒时，去梗的步骤是不可省略的，因为葡萄在榨汁之后，也就是压榨过的葡萄浆就有可能已经自行发酵。在酿制白葡萄酒时，可视情况省掉去梗的手续，尤其是雷司令葡萄，因为它那严重木质化的枝梗只能释放出极少的单宁酸。

③榨浆

榨浆就是把粥状的葡萄浆汁从果肉、果核、枝梗中榨取出来，榨出来的汁液被酿酒师称为葡萄浆。碰到非常温暖的天气，葡萄浆会自行发酵。

如果酿制白葡萄酒，榨浆的过程要迅速一点。因为酿制白葡萄酒所用的葡萄浆若放置太久，即使葡萄已经去梗，余下的果皮和果核仍能释放出大量的单宁酸。

但如果酿制红葡萄酒，则葡萄浆发酵的过程就是必不可少的，因为果皮中所含的红色素就是在这段期间释出的，正因如此，红酒的色泽才是红的。而红葡萄果肉的汁液往往是浅色的，甚至可用来酿制白葡萄酒。

白葡萄酒和红葡萄酒就是从此时开始分开的。色调从浅黄到金黄，且单宁酸含量较低的是白葡萄酒，是用葡萄榨汁并发酵所得到的。色调从浅红到深紫，有时甚至接近黑色，且单宁酸含量较高的是红葡萄酒，是用去皮前的葡萄浆和去掉固体成分的葡萄汁发酵得到的。

④榨汁

无论是红葡萄酒还是白葡萄酒，都必须把葡萄浆中的固体成分和液体成分分开，在葡萄酒的配制过程中，这道工序被称为榨汁。经过榨汁过程后，就可得到酿酒原料——葡萄汁。由于采收的葡萄品种不同、成熟度也不同，因此其含糖量会有差别。

传统最古老的榨汁方法是人们赤脚去踩葡萄。这种方法固然有效，但经济效益低，也不够卫生，于是就出现了压榨器。在某些南欧国家，至今仍随处可见传统的压榨器。但是现在绝大多数酿酒师普遍采用的是大型的压榨设备——空气压缩机，用空气压缩机榨取了葡萄汁后，再用葡萄汁专用秤测量葡萄汁的糖分含量。如果测量出来的指数低于规定的最低标准，就得采取增甜的方式来补足必要的糖分，也就是在葡萄汁里添加蔗糖。但在意大利及巴尔干半岛的国家中，增甜则是添加含糖量丰富的浓缩葡萄汁。增甜措施的最高限制，是有法定标准的。

⑤发酵

葡萄经过压榨后，就要进行发酵。发酵是一种通过酵母而起作用的化学过程。经过这一过程，葡萄中的糖分会逐渐变成酒精和二氧化碳。在发酵过程中，糖分会越来越少，酒精度会越来越高。如果发酵过程一直进行，直到所有糖分都转变成酒精为止，这就是完全发酵，所以，不含甜味的葡萄酒，它的酒精含量也相对较高；如果葡萄汁的糖分含量超过酵母所能负荷的程度，如一些迟摘的葡萄，发酵的过程就会提前结束，由此便可酿出口味较甜、酒精度较低的葡萄酒。

如今在许多国家，酿酒师们不再用葡萄皮中的天然酵母进行发酵，而是在葡萄汁中加入人工酵母，以便在发酵过程中发挥最好的效果。此外还可以利用现代技术去影响发酵过程，如用冷却的方式使发酵过程放慢或用搅拌、添加酵母的方式使它加快，也可以通过添加酒精使它停止发酵，还可以通过添加发酵剂的方式引起二度发酵。缓慢的发酵过程可以酿制出口味芳香而细致的葡萄酒；抑止发酵过程可以酿制出具有一定搭配特点而适合饮用的甜酒；二度发酵过程则可以酿制出气泡酒。许多特产酒都是利用特殊的发酵方式酿制出来的。

⑥硫化处理

如果想要保持葡萄酒的果味和鲜度，就必须在发酵过后立刻进行加硫处理，硫可以阻止由空气中的氧接触到葡萄酒而引起的氧化作用。这并不是我们这个使用化学药剂时代的新发明，早在古罗马时代人们就已经知道未经硫熏处理的葡萄酒很快就会走味，甚至变得难以下咽。

在这个过程中，硫是以硫化酸的形式添加到葡萄酒中的。这种硫化酸本身几乎没有味道，剂量用得少时对健康也完全无害。关于硫化酸的使用剂量，酿酒法上都有明确规定。欧盟国家针对这一点早已达成共识，并形成了统一的法令和规定，并与其他非欧盟国家取得了联系并达成了一致的意见。

⑦混合

混合是把不同葡萄品种所酿出的葡萄酒混合在一起，这种处理方式主要盛行于波尔多和隆河丘等产酒区。其目的是为了把不同品种葡萄的特性互相调和，使其发挥最佳的效果，混合酒亦可用于矫正酿酒时的失误，从而消除口味和香气上的缺陷，使老酒翻新。当然也可以用于加入颜色较深的酒液来改善葡萄酒的色泽。

如果越早让混合酒的各种成分搭配，则其结合就越美满。这一条酿酒规则适用于各种葡萄酒的调配。

⑧装瓶

在葡萄酒装瓶出售之前，需要给它一段时间慢慢成熟，至于时间的长短，则需视葡萄酒的品种和品质而定。一般来说，红葡萄酒比白葡萄酒需要更长的时间，因为白葡萄酒以其清淡芳香的风味为特色，为了保持白葡萄酒的鲜度，酿酒师们都会尽早将它装瓶。葡萄酒在贮存在酒桶中的这一段时间内，仍会继续“成长”，还会继续进行轻微的发酵。由于空气会透过木片上的小孔钻入酒桶内，并引起轻微的氧化作用，因此仍然会释出单宁酸，这也一定程度上提高了葡萄酒的品质。

葡萄酒在桶中贮存 3～9 个月以后，就要准备装瓶，但它的发展并没有结束。只要葡萄酒一天不饮用，它的生命就会继续发展，寿命较长的葡萄酒在装瓶之后，仍需一段相当长的时间才能逐渐达到高峰期。

⑨封瓶

直到现在，绝大多数的葡萄酒瓶仍是以软木塞来封口的。品质较普通的葡萄酒是以较便宜的螺旋瓶盖来封口，至于将要久存、品质较高、价格也相对较贵的名酒，就应尽可能使用尺寸更长、孔隙更小的优质软木塞。封住瓶口的软木塞，如果不能经常与瓶内的酒接触，就会变干且容易收缩，这就是为什么红酒都是平行或斜放的道理。至于软木塞是否比塑胶塞对葡萄酒的影响更好至今尚无定论。如果仅凭直觉判断，人们之所以用软木塞为品质较高的葡萄酒封瓶，可能是为了开瓶时发出令人愉悦的声响。

以上是酿造葡萄酒的一般程序，但不同种类的葡萄酒在酿造程序上又有所区别。下面我们简单介绍几种。

①红、白葡萄酒的酿制程序。酿制红、白葡萄酒首先将采集来的葡萄进行筛选和清洗后倒入榨汁机榨汁。红葡萄酒选用紫红葡萄，而白葡萄酒则选用白葡萄或红皮白肉葡萄（仅使用榨出的汁），然后连皮带汁放入发酵池中发酵。为了达到所要求的酒精含量（一般在12°左右），在发酵时要加入一定比例的糖（要使每升葡萄酒的酒精含量增加1°，就需要加入17～18克糖）。一般来说，等到酒中的糖分完全发酵后，便可将发酵池中的自流原酒放入酒窖的巨大橡木酒桶中存放数月，最后装瓶上市。

②桃红葡萄酒的酿制程序。酿制桃红葡萄酒首先将红皮白肉葡萄压碎，然后将葡萄汁和葡萄皮一块倒入发酵池中发酵。当葡萄汁刚开始发酵变成淡红色时，马上进行过滤，并将滤除皮的酒放入发酵池进行二次发酵，等发酵结束后即可将自流原酒放入木桶中储存。法国法律严格禁止将白葡萄酒和红葡萄酒通过混兑制成淡红葡萄酒上市，因此凡是淡红葡萄酒必须采取上述方法酿制。

③新酒的酿制程序。新酒也叫当年酒，当年的葡萄经发酵产生原酒后，即可过滤装瓶。按照法国有关规定，新酒只能在当年11月的第3个星期四零点上市，直到来年的葡萄摘收季节前。法国最有名的新酒叫波日莱红葡萄酒，每年11月都大量出口亚洲，在日本和中国香港深受欢迎。

④香槟酒的酿制程序：香槟酒的酿制程序比一般葡萄酒复杂。从工艺上说，香槟酒实际上是一种汽酒，但由于其独特的酿造原料，因此只有产于香槟地区的酒才能以香槟酒命名。其他地方用类似方法酿制的葡萄酒只能称作葡萄汽酒。

酿造香槟酒首先必须根据严格的规定，即按每160公斤葡萄榨出102公斤葡萄汁的比例榨汁，之后放入发酵池中在20°～22°的条件下进行第一次发酵。然后，三周之后进行第一次倾析，并对葡萄酒加以冷却，以加速葡萄酒的沉淀，保证葡萄酒的稳定性。待酒质变清之后，再次倾析并进行勾兑工艺，勾兑的方法是将新酿的香槟酒与以前的好年香槟酒进行勾兑（遇上特殊好年，则可不进行勾兑而直接使用当年的原酒），勾兑后，把酒从木桶中取出，放入瓶中进行二次发酵。封瓶前需加入香槟省特有的天然发酵粉和甜酒。此后，酒中的糖分会慢慢地变成酒精和碳酸并开始产生气泡。最后，酒需在酒窖存放至少一年，未经勾兑工艺的好年酒至少要在酒窖中存放三年。待发酵停止后酒变得清澈，此时酒精度已达12°左右，再通过摇动工艺将沉淀物从酒中全部取出，最后装瓶封口上市。

(2)葡萄酒的分类

①按葡萄生长来源不同分，葡萄酒可以分为山葡萄酒和家葡萄酒。

山葡萄酒是以野生葡萄为原料酿成的葡萄酒，产品以山葡萄酒或葡萄酒命名。家葡萄酒是以人工培植的酿酒品种葡萄为原料酿成的葡萄酒，产品直接以葡萄酒命名。国内葡萄酒生产厂家大都以生产家葡萄酒为主。

②按葡萄酒含汁量分，葡萄酒可以分为全汁葡萄酒和半汁葡萄酒。

全汁葡萄酒中葡萄原汁的含量为100%，而且不另加糖、酒精和其他成分，如干型葡萄酒。

半汁葡萄酒中葡萄原汁的含量达50%，剩余的50%可加入糖、酒精、水等其他辅料。

③按葡萄酒的颜色分，葡萄酒可以分为白葡萄酒、红葡萄酒和桃红葡萄酒。

白葡萄酒是选用白葡萄或浅红色果皮的酿酒葡萄，经过皮汁分离，取其果汁进行发酵酿制而成的葡萄酒。白葡萄酒的色泽应近似无色，有的是浅黄带绿、浅黄或禾秆黄，颜色过深则不符合白葡萄酒的色泽要求。

红葡萄酒是选用皮红肉白或皮肉皆红的酿酒葡萄，采用皮汁混合发酵，然后进行分离陈酿而成的葡萄酒。红葡萄酒的色泽应成自然红宝石色、紫红色、石榴红色等，失去自然感的红色不符合红葡萄酒的色泽要求。

桃红葡萄酒介于红、白葡萄酒之间，是选用皮红肉白的酿酒葡萄，在皮汁短时期混合发酵达到色泽要求后分离皮渣继续发酵，最后陈酿而成的葡萄酒。桃红葡萄酒的色泽应该是桃红色，玫瑰红色或淡红色。

④按葡萄酒中的含糖量分，葡萄酒可以分为干葡萄酒、半干葡萄酒、半甜葡萄酒、甜葡萄酒。

干葡萄酒中的糖分几乎已发酵完，每升葡萄酒中含糖总量低于4克。饮用时感觉不出甜味，酸味明显。

半干葡萄酒的每升葡萄酒中含糖总量在4～12克之间，饮用时有微甜感。

半甜葡萄酒的每升葡萄酒中含糖总量在12～50克之间，饮用时有甘甜、顺滑、爽口感。

甜葡萄酒的每升葡萄酒中含糖总量在50克以上，饮用时有明显的甘甜、纯正感。

⑤按酒中二氧化碳的压力分，葡萄酒可以分为无气葡萄酒、起泡葡萄酒和葡萄汽酒。

无气葡萄酒也称静酒（包括加香葡萄酒），这种葡萄酒不含有自身发酵产生的二氧化碳或人工添加的二氧化碳。

起泡葡萄酒中所含的二氧化碳是以葡萄酒加糖再发酵而产生的，或者是用人工方法压入的。其二氧化碳含量在20℃时保持压力0.35MPa以上，酒精度不低于8%（V/V）。香槟酒属于起泡葡萄酒，在法国规定只有在香槟省出产的起泡葡萄酒才能称为香槟酒。由于Champagne与英语中冠军、优胜者一词的发音相同，所以，香槟酒常成为一种庆贺酒。香槟酒一般用红、白两种葡萄酒混合制成。

葡萄汽酒中的二氧化碳也是发酵产生或是用人工方法压入的，其二氧化碳含量在20℃时保持压力0.051～0.025MPa，酒精度不低于4%（V/V）。

⑥按再加工不同分，葡萄酒可以分为加香葡萄酒、加强葡萄酒和白兰地。

加香葡萄酒也称开胃酒，该酒以具有香气的草本植物的根、茎、花、果实等为香料，经一定的工艺加工后具有特殊的香味。按葡萄酒中所添加的主要呈香物质的不同，又可细分为苦味型、花香型、果香型和芳香型。该酒的酒精含量亦较高，在16%～20%左右。

加强葡萄酒在酿造过程中为保留天然葡萄糖分，中途加入葡萄酒精使其停止发酵，因此酒精含量较高，在14%～24%之间，可保存较长时间。

白兰地是葡萄酒经过蒸馏而得到的蒸馏酒。有些白兰地也可用其他水果酿成的酒制造，但需冠以原料水果的名称，如樱桃白兰地、苹果白兰地和李子白兰地等。

(3)葡萄酒的储存

对葡萄酒来说，储存是非常重要的环节，这其中包含两个方面：一方面是酒瓶中的储存，也就是酒在瓶中进行培养的过程；另一方面是出厂以后的收藏，也就是酒的保存状态。对一款真正好的葡萄酒来讲，这两种储存方式都是非常重要的。

所谓酒瓶中的储存是指装瓶封口后的葡萄酒，它的酒体随着时间的推移由年轻到成熟，最终到老化。这是所有葡萄酒都要经历的一次过程，但它也像人的心路历程一样，其间包含着很多的变数和极复杂的因果关系。有的葡萄酒生命历程只有短短的几个月，所有精彩的色泽和口感都体现在这几个月中；而有的葡萄酒却能拥有几十年甚至上百年的生命期，有些100多年前的酒，至今依旧在瓶中保持着精彩。

我们可以根据颜色的变化看出瓶中酒的特点，最简单的一条规律是：酒在瓶中储存的时间越长，白葡萄酒和桃红葡萄酒的颜色会由淡变深，而红葡萄酒则会越来越淡。

除了酒的颜色在瓶中储存时的变化之外，酒香也是一个会变化的极重要的元素。酒香是葡萄酒中最复杂的一种成分，也是一般人可能会忽略或不以为意的东西。

有专家把葡萄酒的酒香分为三种：第一种是葡萄酒原有的果香味；第二种是葡萄酒经过发酵后产生出来的气味；第三种是经过陈年后的葡萄酒的酒香。经过几年储存后，第一种和第二种酒香会被陈年的酒香所替代，这就是葡萄酒香味的最高发挥。陈年酒香是上等优质葡萄酒的一种标志，这些佳酿至少在瓶中陈置数年或数十年以上才有诱人的酒香。

构成红葡萄酒味觉结构的最主要成分便是单宁。单宁能够使酒存放的时间更长久，所以年轻的新酿酒单宁都很强劲，这时还不适合饮用，必须在瓶中存放数年，到那时酒的口感便会圆润许多，尽管单宁还是很重，但已没有了苦涩的感觉。单宁与酒的关系表现为年代越久远，单宁的口感越润滑甘甜，但味道仍然不减。

一款上好葡萄酒的储存是非常讲究的，在储存中要注意以下几个方面。

①温度

温度是葡萄酒储存最重要的因素，这是因为葡萄酒的味道和香气都要在适当的温度中才能最好地挥发，更准确地说，才会在酒精挥发的过程中产生最令人舒适的感觉。如果酒温太高，苦涩、过酸等味道便会跑出来；如果酒温太低，应有的香气和美味又不能有效挥发。对此，美国加州大学化学系教授亚历山大·J. 帕德尔(Alexander J. Pardell)曾经做过一些试验和相关研究。研究表明，如果以葡萄酒储存的通用温度标准——13℃作为基准，当温度上升到17℃时，酒的成熟速度会是原来的1.2～1.5倍；当温度增加到23℃时，酒的成熟速度是原来的2～8倍；当温度升高到32℃时，酒的成熟速度则是原来的4～56倍。

当然，成熟速度的变化也因酿酒所用葡萄品种、酿造法不同而不同。下面是通常情况下不同的葡萄酒所要求的最佳储存温度：

干红葡萄酒：16℃～22℃　　半干红葡萄酒：16℃～18℃

半甜、甜红葡萄酒：14℃～16℃　　干白葡萄酒：8℃～10℃

半干白葡萄酒：8℃～12℃　　半甜、甜白葡萄酒：10℃～12℃

白兰地：15℃以下　　香槟(起泡葡萄酒)：5℃～9℃

储存葡萄酒的温度最好是保持恒定，要尽量避免短期的温度波动。因为温度越高，酒的熟化越快；温度越低，酒的成长就会越慢。有人也许会问，温度稍微高一点，酒的成熟速度快，这样需要比较长时间成熟的酒不是很快就可以喝了吗？其实不然，成熟速度过快会让酒的味道变得比较粗糙，而且有时还存在因过分氧化而使酒变质的风险。

②湿度

湿度的影响主要作用于软木塞。湿度太低，软木塞会变得干燥，影响密封效果，让更多的空气与酒接触，加速酒的氧化，导致酒的变质。即使酒没有变质，干燥的软木塞在开瓶的时候很容易断裂甚至碎掉，那时就免不了有很多木屑掉到酒里，这可是有点令人讨厌的事情。如果湿度过高也不好，软木塞容易发霉，而且，如果存放在酒窖里的话还容易滋生一种甲虫，这种像虱子大小的甲虫会把软木塞咬坏。葡萄酒的最适宜保存湿度在50%～80%之间，但一些来自国际知名葡萄酒地窖的测试数据显示，90%以上的湿度也不影响葡萄酒的保存。

关于恒温酒柜的湿度控制还有一些技巧，如遇恶劣天气，酒柜内湿度过高，可以用干布擦干瓶身及酒柜内侧的水珠，并适当打开酒柜门通风；为保护葡萄酒的酒标，可从家用的塑料袋剪下一角贴在酒标上；如果酒柜内湿度过低，可在酒柜内放入一小碟水来增加湿度。

③光度

葡萄酒要避免强光照射，紫外线尤其会使酒早熟，透明玻璃瓶更会使这个问题恶化，虽然葡萄酒的墨绿色瓶子能够遮挡一部分紫外线，但毕竟不能完全防止紫外线的侵害。因此想要长期保存的葡萄酒应该尽量放到避光的地方，比如说地窖或者专业葡萄酒恒温柜。

④通风

葡萄酒像海绵一样，会将周围的味道吸到瓶里去，所以，在贮酒环境中，最好能保持通风状态，而且也不要同时摆放味道太重的东西，以免破坏酒的味道。葡萄酒在储存中，可以和威士忌、黄酒、啤酒、露酒放在一起，但不能和白酒、蔬菜、食物放在一起，更不能和油漆、燃油、煤气、化工等易挥发品一起存放，更不能接触、靠近有腐蚀或易发霉、发潮的物品，这些东西会污染或损坏葡萄酒。即使葡萄酒瓶外只有微量污染残迹，到开瓶时也容易破坏酒的风味。葡萄酒之所以不能与蒸馏酒（如白酒、白兰地）一起存放，主要原因是蒸馏酒的酒度高、易挥发，其香气易侵染葡萄酒，而这种香气是葡萄酒所不允许的。

⑤振动

一般认为，过度的振动会影响葡萄酒的品质，所以，葡萄酒最好不要贮藏在经常振动的地方，同时尽量避免将酒搬来搬去，尤其是对年份较久的老酒，这更是一大忌讳。

⑥摆置

葡萄酒以平放摆置为较理想的摆置状态，这样能让软木塞和葡萄酒接触到，以保持它的湿润度，否则若将葡萄酒直放，时间太久的话，软木塞会变得干燥易碎，从而无法完全封紧瓶口，发生氧化。当储存的葡萄酒数量较多时，准备一本酒档案是十分必要和有用的，档案中应当包括酒名、产区、存放位置和编号、年份、生产厂商及定期检查和品尝记录等内容。

(4)主要葡萄品种介绍

①赤霞珠，为Cabernet Sauvignon的中国译名，也有人翻作解百纳，是一种主要用于酿造葡萄酒的红葡萄，为世界上最为广泛栽培的葡萄品种。原产自法国波尔多地区，生长容易，适合多种不同气候，已于各地普遍种植。品尝赤霞珠酿造红酒的时候要注意食物的搭配，因为它是浓郁型红酒，所以搭配口味浓重，特别适合搭配有些油腻的菜肴。

赤霞珠香气非常容易辨认，其酒香以黑色水果（如黑樱桃和李子等）、植物性香（如青草和青椒）及烘焙香（如烟草、雪茄盒、香草、咖啡和烟熏味等）为主。其酿造的葡萄酒年轻时往往具有类似青椒、薄荷、黑醋栗、李子等的果实香味，陈年后逐渐显现雪松、烟草、皮革、香菇气息。

②黑比诺为 Pinot Noir 的中文译名，原产法国勃艮第(Burgundi)，栽培历史悠久，黑比诺是名贵红酒酒用葡萄的皇后。其酒体温柔清雅，其特点是年轻时清雅芳香，成熟时温柔雅致，果味充盈而复合，并带有较明显的草莓和樱桃的香气。黑比诺可以酿出全世界最令人兴奋的红酒，但美玉有瑕，黑比诺也是公认难以栽植的葡萄品种，其果粒虽成熟较早，但脆弱、皮薄、易腐烂；适宜温凉气和、排水良好的山地栽培；抗病性也较弱，极易感染白腐病、灰霉病、卷叶病毒和皮尔斯病毒。

③梅洛(美乐)，为 Merlot 的中国译名，是最受欢迎的红葡萄品种。梅洛之所以受欢迎是因为它早熟、鲜嫩且多产，可以用来大量酿制美味而柔滑的葡萄酒，也可以广泛用作与其他葡萄品种混合制成成熟平衡的红酒。梅洛适合在气候较凉的地方生长。

梅洛是早熟的一个品种，皮薄，单宁含量较低，亦耐久存。用它酿造的葡萄酒喝到嘴里有甘甜味，这种甘甜味并非来自人工添加的糖，而是来自葡萄本身的果甜味。梅洛早熟的特性让它更加容易带有成熟的黑色水果的香气，酸度也相对较低。它口味柔顺，好的梅洛经常有天鹅绒般柔软的质地。所以对于初识红酒的人，梅洛显得更加温和可亲。由于它的单宁比赤霞珠要轻得多，所以很适合不喜欢刺激口味的消费者。

④佳美，英文为 Gamay，原产自法国勃艮第，现在主要产于薄若来村。佳美所产葡萄酒颜色呈淡紫红色，单宁含量非常低，口感清淡，富含新鲜果香。用佳美酿制的葡萄酒简单易饮，通常不适宜久存，属于酒龄年轻时饮用的葡萄酒。但若生长在火成页岩、石灰含量少的土质上，佳美也能生产出丰厚浓郁、耐久存的红酒，如几个薄若来村的特级产区 Moulin-a-Vent、St. Amour 等等。除薄若来村之外，以卢雅雨河谷种植最多。至于加州产的 Gamay Beaujolais 是黑比诺(Pinot Noir)的一种，并非真正的佳美种。

⑤霞多丽，英文为 Chardonnay，又译为查当妮或莎当妮，是最主要的酿酒白葡萄品种之一。虽然目前对它的起源仍有争议，但不可否认它是在法国展露出风采并从此走向了全世界。因为能适合多种土壤和气候，所以在世界各地被广泛种植。霞多丽所酿的白葡萄酒多为干型、中等或重酒体，但因产地和酿酒方式的不同而类型多样、风格各异，其品质、价格也参差不齐。霞多丽的生命力旺盛，但亩产量高的往往只能酿制出品质平平的商业化葡萄酒。因此，只有控制产量的高品质葡萄才可以酿制出优质的霞多丽葡萄酒。

霞多丽酿造的葡萄酒通常具有菠萝、青苹果或者梨的气息，口感比较圆润、中性，除个别情况外不会十分酸，且微微带有甜味，比较适合中国人口味。传统的霞多丽(如夏布利产区)细腻、优雅，往往独具特点，容不得酿酒师过于夸张地表现自己，这为后来的酿酒师们提供了很好的参照，当然，这在一定程度上也是葡萄酒爱好者的幸事。新时代的酿酒师们则往往会陷入另一个误区：即过于注重橡木的使用，所酿造的霞多丽油腻、肥硕，缺乏清新。因而现在有一些酿酒师开始酿造完全不使用橡木桶的霞多丽，并且在酒标上进行标注；其香味类型有苹果、梨、柑橘类水果、甜瓜、菠萝、桃、黄油、蜂蜜、香草、奶油、糖果、香芋。

⑥雷司令，英文为 Riesling，是著名的白葡萄品种，因为耐寒抗冻，是德国寒冷地区和法国阿尔萨斯地区的主要酿酒品种，在世界其他产区也不少见。雷司令所酿的酒种类多、变化大，从干型到甜型均有，也是酿制冰酒的主要品种。该葡萄有着许多别名，如 Weisser Riesling、Rhine、Rhein Riesling 和 White Riesling，在美国加州常被称为 Johannisberg Riesling，在意大利则被称为 Riesling Renano。优质的雷司令葡萄酒有着长久的陈年潜质，经陈年的

葡萄酒在花的芳香中有着蜂蜜、坚果和烘焙香的味道，并因为常常散发轻微的煤油气味而凸现其品种的特色。

(5)法国葡萄酒概述

法国葡萄酒被世人奉为世界葡萄酒的极品。它之所以深受人们的爱戴，不仅仅在于它与香水、时装一样象征着法兰西的浪漫情调，更重要的是它有着独特的历史和文化底蕴。法国葡萄酒有严格的等级和品质体系，大致可分为四等。第一等是法定产地葡萄酒(AOC)，第二等是优良产地葡萄酒(VDQS)。上述两类酒对产地、所采用的葡萄品种、酿制过程、每公顷葡萄的产酒量及最低酒精含量都进行了严格规定。第三等是地区餐酒(Vin de Pays)，是指注明产地的佐餐酒，这类酒在其产量、酒精含量、酿制程序上也都有严格规定。第四等是日常餐酒(Vin de Table)，这种酒不注明产地，大多是通过不同酒窖的酒勾兑而成的。第一等酒又可分为超一级(1er Cru Classe exceptional)、一级(1er Cru)、二级(2e Cru)、三级(3e Cru)、四级(4e Cru)等多个级别。

此外，法国葡萄酒还特别讲究年成(香槟酒只有特别好的年成才标年份)，分为特别好年、很好年、好年、较好年、一般、差等几类。如果是特别好年的酒，不仅可以长时间储存，而且还因为具有升值潜力而具有一定的收藏价值。比如，一瓶较好的1995年的葡萄酒在当年仅卖80法郎左右，而5年之后则可能卖到200法郎以上。一瓶上等陈酿的价格远在一瓶X.O之上。20世纪以来，直到第二次世界大战之前的好年酒年份有1904(特别好)、1906、1921(特别好)、1928(特别好)、1929、1934、1937(特别好)。第二次世界大战以后至21世纪以前的好年酒年份有1961、1964、1966、1970、1971、1975、1978、1981、1982(特别好)，1983、1985、1986、1988、1989(特别好)、1995、1996。

①法定产地葡萄酒。

法定产地葡萄酒简称AOC，是法国葡萄酒的最高级别。AOC在法文中的意思为“原产地控制命名”。原产地的葡萄品种、种植数量、酿造过程、酒精含量等都要得到专家认证。AOC只能用原产地种植的葡萄酿制，绝对不可和别地的葡萄汁勾兑。AOC产量大约占法国葡萄酒总产量的35%，其酒瓶标签标示为Appellation+产区名+Controlee，如图2-1所示。

图2-1　法定产地葡萄酒的酒瓶标签

②优良产地葡萄酒。

优良产地葡萄酒简称 VDQS，是普通地区葡萄酒向 AOC 级别过渡所必须经历的级别。如果在 VDQS 时期酒质表现良好，则会升级为 AOC。VDQS 产量只占法国葡萄酒总产量的 12%，其酒瓶标签标示为 Appellation＋产区名＋Qualite Superieure，如图 2-2 所示。

图 2-2 优良产地葡萄酒的酒瓶标签

③地区餐酒。

日常餐酒中最好的酒被升级为地区餐酒，Vin de Pays 的英文意思是 Wine of Country。地区餐酒可以标明用产区内的葡萄汁勾兑，但仅限于该产区内的葡萄。法国绝大部分的地区餐酒产自南部地中海沿岸，产量约占法国葡萄酒总产量的 15%，其酒瓶标签标示为 Vin de Pays＋产区名，如图 2-3 所示。

图 2-3 地区餐酒的酒瓶标签

④日常餐酒。

日常餐酒是最低档的葡萄酒，仅供日常饮用。Vin de Table 的英文意思是 Wine of the Table。这种酒可以由不同地区的葡萄汁勾兑而成，如果葡萄汁仅限于法国各产区，可称法国日常餐酒；按规定，不得用欧盟以外的国家的葡萄汁。日常餐酒的产量约占法国葡萄酒总产量的 38%，其酒瓶标签标示为 Vin de Table，如图 2-4 所示。

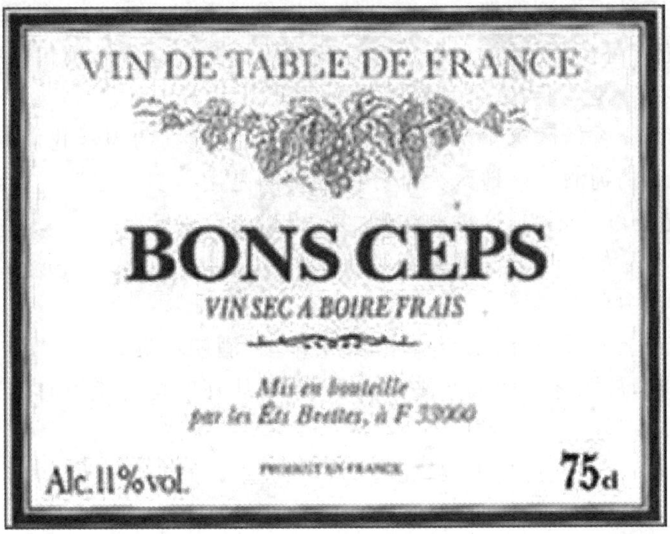

图 2-4　日常餐酒的酒瓶标签

(6)法国葡萄酒的著名产地

①波尔多。

波尔多(Bordeaux)位于法国西南部，在法国最大的纪龙德省内，是法国最著名的葡萄酒产地。整个法国有四分之一的名牌葡萄酒均产自波尔多地区。波尔多盛产红、白葡萄酒，波尔多的红葡萄酒无论在色、香、味上，还是在酿制方法上均属世界一流，尤以味道醇美、爽净的特点享誉全球，畅销 150 多个国家和地区。波尔多产区内的葡萄酒多是调配型葡萄酒。波尔多产区南部的 Sau-ternes 次产区的白葡萄酒在世界范围内也很著名。波尔多葡萄酒因其悦人的果香和酒香，被誉以“葡萄酒女王”的美称。

②勃艮第。

勃艮第(Burgundy)位于法国的东部，由一系列小葡萄种植园组成，呈南北细长延伸的带状分布。勃艮第产区属大陆性气候，与波尔多的葡萄酒相比，勃艮第的红葡萄酒不如前者细腻，但味浓、单宁成分少，又因为含有少许糖分而有淡淡的甜味。勃艮第葡萄酒的成熟期比波尔多葡萄酒早，但品质也容易较早退化。勃艮第产区的葡萄酒力道浑厚坚韧，与波尔多葡萄酒的柔顺恰相对立，被称为“葡萄酒之王”。勃艮第产区的葡萄酒包装多采用略带流线的直身瓶形。

勃艮第产区的葡萄品种较少，主要有生产白葡萄酒的霞多利和阿丽高特，以及酿制红葡萄酒的黑比诺和佳美等几个品种。勃艮第的白葡萄酒大多为干型葡萄酒。

③香槟。

香槟区位于法国东北部，由六个小产区组成，面积约 2.6 万公顷，平均年产量超过 1.9 亿升。它的土壤主要为石灰土，适合耕种的表层土大约有 1 米厚。该地的气候比较特别，温和的大西洋暖流与严酷的大陆气流交替作用，另外还有来自周围森林的湿气可起到降温作用。香槟区的葡萄品种主要有三种：比诺罗瓦、比诺曼尼、霞多利。前两种是红葡萄，但果汁是无色的；后一种是白葡萄。

香槟是一种独特的法定产区葡萄酒，它的酿造过程和销售都受到严格的管制。香槟依调味剂的甜味不同而分为干、半干、半甜、甜四种类型。香槟通常上市就适于饮用，没有必要再进行贮存陈酿，不过也有不少消费者喜欢较老年份的香槟。市场上销售的香槟分为记年和不记年两种。记年香槟(酒标标示年份)，是葡萄采摘酿制 3 年后销售的香槟酒；不记年香槟(酒标不标示年份)，是装瓶 12 个月后销售的香槟酒。

除了生产香槟酒，香槟区也生产静态葡萄酒(即非起泡葡萄酒)，我们一般常说的红葡萄酒、白葡萄酒即静态葡萄酒。该地区大部分白葡萄酒是用霞多利酿造的；也有使用比诺罗瓦和比诺曼尼所酿造的红葡萄酒，这种酒柔顺、易入口，带有果味。

(7)品酒知识——如何品尝法国葡萄酒

①看酒(最好在白色背景下)。

首先，从酒杯正上方看，看酒是否清澈，如果浑浊，酒就不好。

然后，摇动酒杯，从酒杯侧面的水平方向看，看酒从杯壁均匀流下时的速度。酒越黏稠，速度流得越慢，酒质越好。

最后，把酒杯倾斜 45 度角来观察，此时，酒与杯壁结合部有一层水状体，它越宽则表明酒的酒精度越高。在这个水状体与酒体结合部，能出现不同的颜色，从而显示出酒的酒龄。蓝色和淡紫色，表明有 3～5 年酒龄；红砖色，表明有 5～6 年酒龄；琥珀色，表明有 8～10 年的酒龄；橘红色，说明酒已经过期了。

②闻酒。

闻酒前最好先呼吸一口室外的新鲜空气。闻酒时，把杯子倾斜 45 度角，鼻尖探入杯内闻酒的原始气味。偏嫩的酒闻起来尚有果味，而陈酿有复合的香味。摇动酒杯后，迅速闻酒中释放出的气味，看它和原始气味相比是否稳定。

③品酒。

喝一小口酒，在口中打转，如果酒中的单宁含量高，口中会有干涩的感觉，因为单宁有收敛作用，这说明葡萄酒还没有完全成熟。吐出或咽下酒液后，再看口中的留香如何。葡萄酒的最好口感是酸、甜、苦、咸达到平衡。

2. 啤酒

按现行国家产品标准规定，啤酒的定义是："啤酒是以麦芽为主要原料，加酒花，经酵母发酵酿制而成的，含有二氧化碳气、起泡的低酒精度饮料。"上述定义包含三层意思：第一，啤酒以麦芽为主要原料，亦即啤酒是以麦芽为主要原料生产的。麦芽使用量应不少于 50%，至于使用什么样的麦芽，传统上乃至今天仍然沿用大麦麦芽。第二，啤酒是添加酒花，经酵母发酵酿制而成的，是目前世界各国公认的经过糖化、发酵方法而酿制的酿造酒，非配制酒。第三，啤酒应是含二氧化碳、起泡、低酒精度的饮料酒，区别于汽酒和其他配制酒。

(1)酿造啤酒的原料

酿造啤酒的主要原料是大麦、酿造水、酵母、啤酒花。

①大麦

大麦是酿造啤酒的主要原料，但是首先必须将其制成麦芽，方能用于酿酒。大麦在人工控制和外界条件下发芽和干燥的过程，被称为麦芽制造。大麦发芽后称为绿麦芽，干燥后称为麦芽。

麦芽的制造主要分为四个阶段：

• 精选后的大麦浸泡在水中，使大麦吸收水分，达到能发芽的要求，此阶段称为浸麦。根据设备和工艺要求的不同又有好多种方法，这里就不做详细介绍。

• 在人工控制的条件下进行发芽，利用发芽过程中形成的酶，使大麦的内容物质进行分解，变为麦芽。

大麦发芽的主要目的是：让胚乳细胞壁的部分或全部降解，使干燥后的麦芽变得疏松，更易粉碎，内容物质更容易溶出。

• 发芽完毕的大麦称为绿麦芽，利用热空气进行干燥。

干燥的主要目的是：使绿麦芽停止生长和酶的分解，除去多余的水分，防止腐烂，便于运输；使根部干燥便于除去，增加麦芽的色、香、味。

• 经过机械原理将麦芽的根除去。

②酿造水

啤酒的主要成分就是水，所以水的好坏对啤酒的影响很大。

③酵母

酵母的种类很多，用于啤酒生产的酵母叫做啤酒酵母。

啤酒酵母的学名是 saccharomyces cerevisiae，啤酒酿造中酵母主要起降糖的作用，产生二氧化碳和酒精。

④啤酒花

啤酒花，简称酒花，作为啤酒工业的原料开始使用于德国。使用啤酒花的主要目的是利用其苦味、香味、防腐和澄清麦汁的能力。

(2)啤酒酿造工艺流程

啤酒酿造工艺流程如图 2-5 所示。

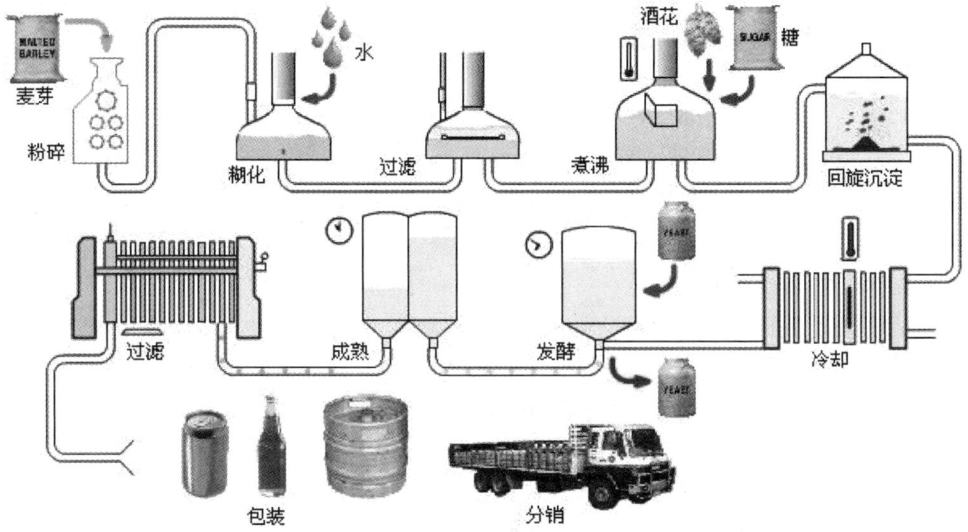

图 2-5　啤酒酿造工艺流程示意图

麦芽在送入酿造车间之前，先被送到粉碎塔。在这里，麦芽经过轻压粉碎制成酿造用麦芽。

糊化处理即将粉碎的麦芽、谷粒与水在糊化锅中混合。糊化锅是一个巨大的回旋金属容器，装有热水与蒸汽入口，搅拌装置如搅拌棒、搅拌桨或螺旋桨，以及大量的温度与控制装置。在糊化锅中，麦芽和水经加热后沸腾，这时天然酸将难溶性的淀粉和蛋白质转变成为可溶性的麦芽提取物，称作“麦芽汁”，然后麦芽汁被送至称作分离塔的过滤容器。

麦芽汁在被泵入煮沸锅之前需先在过滤槽中去除其中的麦芽皮壳，并加入酒花和糖。在煮沸锅中，混合物被煮沸以吸取酒花的味道并起色和消毒。在煮沸后，加入酒花的麦芽汁被泵入回旋沉淀槽以去除不需要的酒花剩余物和不溶性的蛋白质。

(3)啤酒的“度”

啤酒酒标上的度数与白酒上的度数不同，它并非指酒精度，它的含义为原麦汁浓度，即啤酒发酵进罐时麦汁的浓度，其主要的度数有 18、16、14、12、11、10、8 度。日常生活中我们饮用的啤酒多为 11、12 度啤酒。

(4)啤酒的分类

①根据原麦汁浓度分类

根据原麦汁浓度分类，主要有 18、16、14、12、11、10、8 度啤酒。日常生活中我们饮用的啤酒多为 11、12 度啤酒。

②根据啤酒色泽分类

• 淡色啤酒。淡色啤酒的色度在 5～14EBC。淡色啤酒为啤酒产量最大的一种。淡色啤酒又分为浅黄色啤酒、金黄色啤酒。浅黄色啤酒口味淡爽，酒花香味突出。金黄色啤酒口味清爽而醇和，酒花香味也突出。

• 浓色啤酒。浓色啤酒色泽呈红棕色或红褐色，色度在 14～40EBC。浓色啤酒麦芽香味突出、口味醇厚、酒花苦味较轻。

• 黑色啤酒。黑色啤酒色泽呈深红褐色乃至黑褐色，产量较低。黑色啤酒麦芽香味突出、口味浓醇、泡沫细腻，苦味根据产品类型而有较大差异。

③根据杀菌方法分类

• 鲜啤酒。鲜啤酒是指啤酒经过包装后，不经过低温灭菌（也称巴氏灭菌）而销售的啤酒，这种啤酒味道鲜美，但容易变质，保质期在低温下 7 天左右，一般就地销售。

• 熟啤酒。熟啤酒是指经过巴氏灭菌的啤酒。这种啤酒可以存放较长时间，可用于外地销售，优级啤酒保质期为 120 天。

④根据包装容器分类

• 瓶装啤酒。我国瓶装啤酒主要为 640 毫升和 355 毫升两种包装，国际上还有 500 毫升和 330 毫升等其他规格。

• 易拉罐装啤酒。易拉罐装啤酒采用铝合金为材料，规格多为 355 毫升，便于携带，但成本高。

• 桶装啤酒。桶装啤酒材料一般为不锈钢或塑料，容量为 30 升。啤酒经瞬间高温灭菌，温度为 72℃，灭菌时间为 30 秒。桶装啤酒多在宾馆、饭店出现，并专门配有售酒机。由于酒桶内的压力，可以保持啤酒的卫生。

⑤根据啤酒酵母性质分类

• 上面发酵啤酒。上面发酵啤酒采用上面酵母，在发酵过程中，酵母随二氧化碳浮到发酵面上,发酵温度在 15℃～20℃。这样发酵出来的啤酒香味突出。

• 下面发酵啤酒。下面发酵啤酒采用下面酵母。发酵完毕,酵母凝聚沉淀到发酵容器底部,发酵温度在 5～10℃。这样发酵出来的啤酒香味柔和。世界上绝大部分国家采用下面发酵啤酒。我国的啤酒均为下面发酵啤酒,其中著名的有青岛啤酒、五星啤酒等。

(5)世界著名啤酒品牌介绍

①百威(见图 2-6)

图 2-6 百威啤酒标志

百威啤酒诞生于 1876 年,由阿道弗斯·布希创办。它采用质量最佳的纯天然材料,以严谨的工艺控制,通过自然发酵、低温储藏而酿成。整个生产流程中不使用任何人造成份、添加剂或防腐剂。在发酵过程中,又使用数百年传统的山毛榉木发酵工艺,使啤酒格外清爽。百威啤酒在百年发展中一直以其纯正的口感、过硬的质量赢得了全世界消费者的青睐,成为世界最畅销、销量最多的啤酒,长久以来被誉为是"啤酒之王"。

百威啤酒的最佳饮用温度为 8～10 摄氏度,700 毫升和 640 毫升的百威啤酒在瓶颈锡箔处有独特的温度感应标签设计,当它显现一只老鹰或头顶皇冠大写 B 字母的标志时,就是在提醒你最佳的饮用温度。

②贝克(见图 2-7)

图 2-7 贝克啤酒标志

贝克啤酒起源于 16 世纪的不来梅古城,其优良的酿造技术,使"BECK'S"的品牌传播至今。贝克啤酒风行全球 140 多个国家,在德国啤酒出口中高居第一位。它不断地在全球各地的报纸、杂志及其他新闻媒介上宣传"BECK'S"和其特有的钥匙图形,使"BECK'S"商标和钥匙图形在世界各地都能见到。贝克也在英国、新加坡、德国、日本、美国等许多国家和中国香港地区注册了"BECK'S"商标。通过长期的广泛的宣传,"BECK'S"商标已成为世界驰名商标。

③喜力(见图 2-8)

图 2-8 喜力啤酒标志

喜力啤酒公司于1863年创建于荷兰的阿姆斯特丹。它现在已不单是世界产量排名第二的啤酒酿造公司,更是世界最大的啤酒出口商,当之无愧的最具国际化的第一品牌。通过当地生产、出口以及特约授权生产等多种作法的相互配合,喜力产品现已行销世界170多个国家。喜力是一种主要以蛇麻子为原料酿制而成的、口感平顺甘醇、不含苦涩刺激味道的啤酒。

④嘉士伯(见图2-9)

图2-9　嘉士伯啤酒标志

嘉士伯公司创立于1847年,至今已有160多年的历史,在40多个国家都有生产基地,远销世界140多个国家和地区,产品风行全球。嘉士伯啤酒由丹麦啤酒巨人CARLSBERG公司出品。CARLSBERG公司目前是世界七大啤酒公司之一。嘉士伯啤酒在其丹麦哥本哈根的总部有着世界上数一数二的酿造研究中心,包括80个实验室和100多名科学家。

⑤朝日(见图2-10)

图2-10　朝日啤酒标志

朝日啤酒株式会社成立于1880年,是日本最著名的啤酒制造厂商之一。朝日啤酒株式会社秉承一贯的对啤酒质量精益求精的宗旨,从每一粒麦子、每一滴水直至每一棵酒花,所有原料都必须符合自己严格的标准。酵母是经过精心选出的,运用尖端的技术和设备,工序经过严格把关,使新鲜啤酒的味道完整地保留下来,拥有超爽的口感。ASAHI将独家研制的KARAKUCHI特级酵母搭配不为人知的独特发酵技术,酿造出了味道不苦涩且带点芳香、辛辣口感的啤酒。

⑥麒麟(见图2-11)

图2-11　麒麟啤酒标志

麒麟酒厂在1907年建立,其麒麟品牌是以中国传统文化中昌盛吉祥的象征——麒麟来命名的,是一个享有百年盛誉的世界性品牌啤酒。麒麟麦酒株式会社享有100多年的历史,是日本第一大啤酒企业,目前麒麟品牌遍布全球。麒麟啤酒采用第一道麦芽汁酿造的方法,全球只有日本麒麟一家在使用,务求带给消费者原汁原味的啤酒感受。

⑦虎牌(见图 2-12)

图 2-12　虎牌啤酒标志

新加坡啤酒品牌,诞生于 1932 年的虎牌啤酒是亚太酿酒集团的旗舰品牌。今天,虎牌啤酒已在全球 8 个国家生产,60 多个国家销售,足迹遍及欧洲、美国、拉丁美洲、澳洲和中东地区。虎牌的独特口味来自它的质量和细致的酿造工艺,涉及 200 多项质量检查。

⑧青岛啤酒(见图 2-13)

图 2-13　青岛啤酒标志

青岛啤酒产自中国青岛啤酒股份有限公司,公司的前身是国营青岛啤酒厂,1903 年由英、德两国商人合资开办,是我国最早的啤酒生产企业。青岛啤酒选用优质大麦、大米、上等啤酒花和软硬适度、洁净甘美的崂山矿泉水为原料酿制而成;原麦汁浓度为 12 度,酒精含量 3.5%～4%。青岛啤酒酒液清澈透明、呈淡黄色,泡沫清白、细腻而持久。

⑨雪花啤酒(见图 2-14)

华润雪花啤酒(中国)有限公司成立于 1994 年,是一家集生产、经营于一体的全国性的专业啤酒公司。其公司总部设于中国北京,股东是华润创业有限公司和 SAB-Miller。目前华润雪花啤酒在全国拥有 16 个区域公司,经营 70 多家工厂,建立了遍布全国的销售网络。2010 年啤酒产销量超过 928 万千升,占有中国啤酒市场 21%的市场份额,连续六年遥遥领先于国内其他啤酒企业,其中主品牌“雪花”啤酒持续保持单品销售全球第一(841.3 万千升)的业绩,巩固了其作为全球领先啤酒品牌的地位。

(6)品尝啤酒小知识

①看

看酒体色泽:普通浅色啤酒应该是淡黄色或金黄色的,黑啤酒则为红棕色或淡褐色。

看透明度：酒液应清亮透明，无悬浮物或沉淀物。

看泡沫：啤酒注入无油腻的玻璃杯中时，泡沫应迅速升起，泡沫高度应占杯子的三分之一，当啤酒温度在 8～15℃时，5 分钟内泡沫不应消失；同时泡沫还应细腻、洁白，散落杯壁后仍然留有泡沫的痕迹（“挂杯”）。

②闻

闻香气时，在酒杯上方用鼻子轻轻吸气，应有明显的酒花香气，新鲜、无老化气味及生酒花气味；黑啤酒还应有焦麦芽的香气。

③尝

品尝酒液味道时，应入口纯正，没有酵母味或其他怪味、杂味；口感清爽、协调、柔和，苦味愉快而消失迅速，无明显的涩味，有二氧化碳的刺激，使人感到杀口。

图 2-14 雪花啤酒标志

3. 黄酒

中国的黄酒，也称为米酒（Rice Wine），属于酿造酒，在世界三大酿造酒（黄酒、葡萄酒和啤酒）中占有重要的一席。中国黄酒酿酒技术独树一帜，是东方酿造界的典型代表和楷模。

黄酒是用谷物做原料，用麦曲或小曲做糖化发酵剂制成的酿造酒。历史上黄酒的生产原料在北方以粟（学名 Setaria Italica，在古代，是秫、粱、稷、黍的总称，有时也称为粱，现在称为谷子，去除壳后的叫小米为主）；在南方则普遍以稻米（尤以糯米为最佳）为原料酿造黄酒。从宋代开始，由于政治、文化、经济中心的南移，黄酒的生产局限于南方数省，南宋时期，烧酒开始生产；到元朝时开始在北方得到普及，北方的黄酒生产逐渐萎缩，而南方由于饮烧酒者不如北方普遍，因此黄酒生产在南方得以保留；清朝时期南方绍兴一带的黄酒一度称雄国内外。目前，国内黄酒生产主要集中于浙江、江苏、上海、福建、江西、广东、安徽等地，山东、陕西、大连等地也有少量生产。

（1）黄酒的名称

黄酒，顾名思义是黄颜色的酒，所以有人将黄酒这一名称翻译成“Yellow Wine”。其实这种译法并不恰当，黄酒的颜色并不总是黄色的，在古代，酒的过滤技术并不成熟之时，酒是呈混浊状态的，当时称为“白酒”或“浊酒”。黄酒的颜色就是在现在也有黑色、红色的，所以不能光从字面上来理解。黄酒的实质应是谷物酿成的，因为可以用“米”代表谷物粮食，故又称为“米酒”，国际上通行用“Rice Wine”表示黄酒。

在当代，黄酒是谷物酿造酒的统称，以粮食为原料的酿造酒（不包括蒸馏的烧酒）都可归于黄酒类。黄酒虽作为谷物酿造酒的统称，但民间有些地区对本地酿造且局限于本地销售的酒仍保留了一些传统的称谓，如江西的水酒、陕西的稠酒、西藏的青稞酒，如将它们归类为黄酒，当地人也不一定能接受。

在古代，“酒”是所有酒的统称，在蒸馏酒尚未出现的历史时期，“酒”就是酿造酒。蒸馏的烧酒出现后就较为复杂了，“酒”这一名称既是所有酒的统称，在一些场合下也是谷物酿造酒的统称。例如，李时珍在《本草纲目》中把当时的酒分为酒、烧酒和葡萄酒三大类。其中的“酒”这一节写的都是谷物酿造酒。由于酒既是所有酒的统称，又是谷物酿造酒的统称，因此还应有一个只包括谷物酿造酒的称呼，于是，黄酒就作为谷物酿造酒的专用名称而保留了下来。

“黄酒”在明代可能是专门指酿造时间较长、颜色较深的米酒，与“白酒”相区别。明代的“白酒”并不是现在的蒸馏烧酒，如明代有“三白酒”，是用白米、白曲和白水酿造而成的，酿造时间较短，酒色混浊，呈白色。酒的黄色(或棕黄色等深色)的形成主要是在煮酒或贮藏过程中，酒中的糖分与氨基酸发生美拉德反应产生色素，也有的是加入焦糖制成的色素(称糖色)加深其颜色。在明代戴羲所编辑的《养余月令》卷十一中则有：“凡黄酒白酒，少入烧酒，则经宿不酸。”从这一提法可明显看出黄酒、白酒和烧酒之间的区别。黄酒是指酿造时间较长的老酒，白酒则是指酿造时间较短的米酒(一般用白曲，即米曲作糖化发酵剂)。在明代，黄酒这一名称的专一性还不是很严格，虽然不能包含所有的谷物酿造酒，但起码南方各地酿酒规模较大的，在酿造过程中经过加色处理的酒都可以包括进去。清代各地的酿造酒的生产虽然保存，但绍兴的老酒、加饭酒风靡全国，这种行销全国的酒质量高、颜色一般较深，因此可能与“黄酒”这一名称的最终确立有一定的关系。因为清朝皇帝对绍兴酒有特殊的爱好，清代时已有所谓“禁烧酒而不禁黄酒”的说法。到了民国时期，黄酒作为谷物酿造酒的统称已基本确定下来，黄酒归属于土酒类(国产酒称为土酒，以示与舶来品的洋酒相对应)。

(2)绍兴酒介绍

绍兴酒的主要品种有：

①元红酒，又名状元红。元红酒用摊饭法酿造，发酵完全，残留的糖少，酒液橙黄，有独特的芳香，味甘爽微苦，是绍兴酒中的大宗产品，干型黄酒的典型代表。

②加饭酒。加饭酒的生产方法与元红酒相同，因饭量增加而醪液稠厚，控制发酵难度较大，酒液深黄带红、芳香浓郁、味醇和鲜美，是绍兴酒中的上品，半干型黄酒的典型代表。以坛装的陈年加饭酒叫花雕酒，其坛外壁塑绘山水、花、鸟和人物等神话故事，包装精美，可作为高档礼品。

③善酿酒。善酿酒采用摊饭法，用贮存1～3年的元红酒代水酿制而成。因发酵开始就有6%的酒精浓度，发酵缓慢，成品中糖分保持在7%以上，是半甜型酒的典型代表。善酿酒酒色深黄，香气芬芳浓郁，味醇和甜美，是绍兴酒中的珍品。

④香雪酒。香雪酒是用淋饭法制成甜酒酿后，拌入少量麦曲加糟烧酒抑制发酵，保留需要的糖分陈酿而成的。其酒液呈琥珀色，香味芬芳，味醇厚甜美，是甜型黄酒的典型代表。

(二)蒸馏酒

蒸馏技术来源于炼丹术，河北青龙出土的东汉的蒸馏器同炼丹所用的蒸馏器便十分相近。宋代杨万里的“新酒”，其制法是“来自太虚中”的“酒经”，喝了这种酒就像服用丹药一样获得“换君仙骨”的效果。“太虚”、“仙骨”之类，均是道教炼丹家术语，说明杨万里的“新酒”的酿法是从所谓“太虚中”道家蒸馏丹药那里传过来的。所以说蒸馏酒技术来自丹药蒸馏法，蒸馏技术在制酒中得到应用从而产生了蒸馏酒。

据现存的大量的文史资料显示，液态蒸馏酒技术在唐代时就已经开始普及，李时珍的《本草纲目》葡萄酒纲目中有“取入甑蒸之，以器承其滴露”之说。“烧酒”之词在文人作品和文献中也有广泛应用。近几年出土的隋唐文物中出现的15～20毫升的小酒杯，说明了当时高度酒的存在，因为如果没有高度酒，肯定不会制作这么小的酒杯。小型酒器的出现说明了蒸馏酒的广泛流传。而制曲方法和技术的丰富和提高，更使酿酒技术得以快速提升。贾思勰(公元533－544年)的《齐民要术》记载了47种造酒方法，这些都为固态酿酒技术和蒸馏技术的产生创造了充足的条件。唐开元年间(公元713—755年)，陈藏器的《本草拾遗》中有

“甑(蒸)气水”、“以器承取”的记载,这充分说明了最早固态蒸馏酒技术的出现。

把经过发酵的原酒,经过一次或多次蒸馏过程提取的高度酒叫蒸馏酒。酒精的汽化点是 78.3℃,将酿酒的原料经过发酵后加温至 78.3℃,并保持这个温度就可获得汽化酒精,再将汽化酒精输入管道冷却后,便是液体酒精,但是在加热过程中,原材料中的水分和其他物质也会掺杂在酒精中,因而形成质量不同的酒液。大多数的名酒都采用多次蒸馏法或取酒心法等不同的工艺来获取纯度高、杂质含量少的酒液。蒸馏酒可以在常温下长期保存,一般情况下可放 5～10 年。

世界上有七种著名的蒸馏酒,分别是白兰地(Brandy)、威士忌(Whisky)、伏特加(Vodka)、金酒(Gin)、朗姆酒(Rum)、特其拉(Tequila)、中国白酒(Spirit)。

1. 白兰地

白兰地是指以葡萄或其他水果为原料经发酵、蒸馏而得的酒。白兰地通常的意思是“葡萄酒的灵魂”。白兰地一词分狭义和广义之说。从广义上讲,所有以水果为原料发酵蒸馏而成的酒都称为白兰地。从狭义上说,人们习惯地把以葡萄为原料,经发酵、蒸馏、贮存、调配而成的酒称作白兰地,这也就是我们通常所说的白兰地(Brandy);而以其他水果为原料制成的蒸馏酒,则在白兰地前面冠以水果的名称,例如苹果白兰地、樱桃白兰地等。新蒸馏出来的白兰地须盛放在橡木桶内使之成熟,并应经过较长时间的陈酿(如法国政府规定至少 18 个月),白兰地才会变得芳郁醇厚,并产生色泽。白兰地的储存时间越长,酒的品质越佳。白兰地的酒度一般为 43°左右。

白兰地最早起源于法国。18 世纪初,法国的查伦泰河(Charente)的码头因交通方便,成为酒类出口的商埠。由于当时整箱葡萄酒占船的空间很大,于是法国人便想出了双蒸的办法去掉葡萄酒的水分,提高葡萄酒的纯度,同时减少占用空间而便于运输,这就是早期的白兰地。1701 年法国卷入了西班牙战争,白兰地销路大减,酒被积存在橡木桶内。战争结束以后,人们发觉贮藏在橡木桶内的白兰地酒的酒质更醇、芳香更浓,而且还有晶莹的琥珀色,这样,世界名酒白兰地便诞生了。因此,用橡木桶贮藏和贮藏的年限长短便成为酿制白兰地的重要环节。

一升白兰地大约需要八升葡萄酒浓缩,蒸馏出的酒近乎无色,但在橡木桶中贮藏时,将橡木的色素溶入酒中形成褐色,年代越久,颜色越深。由于有颜色的白兰地更受欢迎,目前酿酒厂都使用焦糖加色。

在法国流传这样一句谚语:男孩子喝红酒,男人喝跑特(Port),要想当英雄就喝白兰地。人们授予白兰地以至高无上的地位,因此白兰地又被称为英雄的酒。

(1)白兰地的制作方法

①用白葡萄酒蒸馏制作白兰地

原料酒的发酵工艺与传统法生产的白葡萄酒(不宜用红葡萄酿成的白葡萄酒蒸馏白兰地,原因是在发酵时生成较多的杂醇油,蒸出的酒液质地粗糙)相同,当发酵完全停止时,残糖已达到 0.3%以下,在罐内进行静止澄清,然后将上部清酒与酒脚分开,取出清酒即可进行蒸馏(酒脚要单独蒸馏)。白兰地是一种具有特殊风格的饮料酒,它对酒度的要求不高,一般在 60%～70%(v/v)的酒精中,能保存它固有的芳香,因此白兰地的蒸馏方法至今停留在壶式蒸馏(如图 2-15 所示)上。采用壶式蒸馏还另有益处,壶是用铜制成的,在加热蒸馏过程中,生成了铜的丁酸、乙酸、辛酸、癸酸、月桂酸盐,这些盐是不溶性的,若能除去味道不够好的这些酸,有利于保证白兰地的质量。

图 2-15 壶式蒸馏法

壶式蒸馏是采用直接火加热，需进行两个连续的蒸馏步骤。即先将原酒蒸成低度酒，在容量为 150～500L 的壶中加入新发酵好的原料酒，一直加热蒸至蒸汽中含很少的酒精，约需 8 小时或更长时间，馏出液(即粗馏原白兰地)酒度为 24%～32%(v/v)。取部分酒尾分开存放，把壶放空，再放入新的原酒及上次蒸馏所得的酒尾，进行第二次蒸馏。同法，进行第三次蒸馏。将三次蒸馏所得的主要馏出液合并后复蒸，复蒸时间要长些，约 14 个小时，也要分去 1%～2%的酒头或部分酒尾，其主要馏出液的平均酒度为 58%～60%(v/v)，即为原白兰地。将原白兰地酒进行勾兑与调配，再经过贮藏和一系列的后加工处理，最后装瓶出厂。

②用葡萄皮或葡萄渣做原料制作白兰地

将皮渣装在桶中，将容器密闭，使其发酵，因皮渣本身都带有酵母菌，可以不另外加入酵母。容器装满后，将口密闭，顶部留一气孔，使二氧化碳气体逸出。发酵时间一般需要 10～15 天，温度适宜的话，只需 7～8 天。发酵完毕后，即可放入蒸馏器进行蒸馏，方法同上。

(2)白兰地的特点

①白兰地有一种高雅醇和的口味，具有特殊的芳香

白兰地中的芳香物质首先来源于原料。法国著名的干邑(Cognac)白兰地就是以科涅克地区的白玉霓、白福儿、格伦巴优良葡萄为原料酿制的。这些优良葡萄品种含特有的香气，经过发酵和蒸馏，得到原白兰地(原白兰地是指通过蒸馏得到的、还未调配的白兰地)，如图 2-16 所示。

优质白兰地的高雅芳香还有一个来源，并且是非常重要的来源，那就是橡木桶。原白兰地酒贮存在橡木桶中，要发生一系列变化，从而变得高雅、柔和、醇厚、成熟，在葡萄酒行业，这叫“天然老熟”。在“天然老熟”过程中，发生两方面的变化：一是颜色的变化；二是口味的变化。原白兰地都是白色的，它在贮存时不断地提取橡木桶的木质成分，加上白兰地所含的单宁成分被氧化，经过五年、十年甚至更长时间，逐渐变成金黄色、深金黄色到浓茶色。新蒸馏出来的原白兰地口味暴辣，香气不足，它从橡木桶的木质素中抽取橡木的香气，与自身单宁成分氧化产生的香气结合起来，形成一种白兰地特有的奇妙的香气。

②合格的白兰地还有一个极为重要的程序——调配

调配也称勾兑，是白兰地生产的点睛之笔，它使葡萄酒的感观、香气和口感实现高度的和谐统一。怎样调配是各葡萄酒厂家的秘密，各厂都有自己的配方和自己的调配专家。作

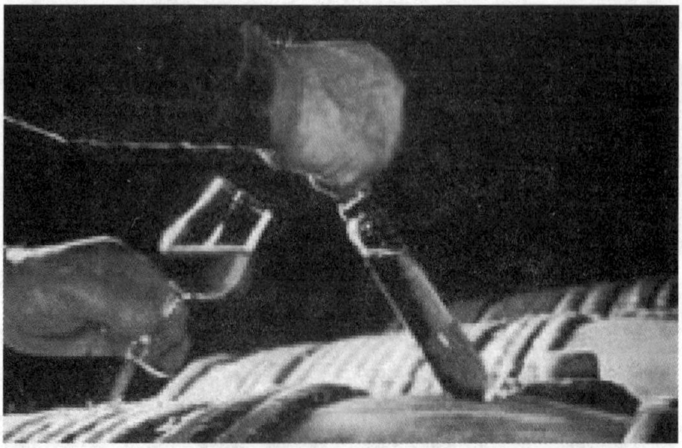

图 2-16　原白兰地

为白兰地调配大师，不仅需要精深的酿酒知识、丰富的实践经验，而且需要异常灵敏的嗅觉、味觉和艺术鉴赏能力。白兰地有一个特点，它不怕稀释。在白兰地中加入白水，不但风味不变，还可降低酒度。因此，人们饮白兰地时往往放进冰块、矿泉水或苏打水；更有加茶水的，越是名贵的茶叶越好，白兰地的芳香加上茶香，具有浓郁的民族特色。

(3)白兰地的贮陈

新蒸馏所得的白兰地，香味不圆熟，质地粗糙，须在橡木桶中陈化。陈化前要稀释至酒度为 50%(v/v)左右。稀释用水在使用前可加入 50g/100L 的无铁的糖色。酒桶应放在地上酒窖陈化白兰地，不应放在地下酒窖贮藏，因为地下酒窖通风不良，不能使白兰地充分氧化，影响老熟。最适宜的贮藏室温是 15～25℃，相对湿度为 75～85 度。白兰地的贮藏期越长越好，陈酿时间越久，白兰地的风格越柔顺，香气也越精美，价格就越高昂，但这并不等于说白兰地可以无限制陈酿于木桶中，酒本身也有一个从未熟到成熟到衰老的过程。先在新桶中陈化 1 年后转入旧桶，再陈化 5～10 年甚至 20～30 年，一般不超过 50 年。

贮陈后的白兰地酒之所以口感醇和、芳香浓郁，是因为所用的橡木桶对白兰地有微妙的“交换作用”，它使本来没有颜色的酒神奇地变成橡木桶的琥珀色，而且增添了白兰地特有的香气。不过白兰地本身也要付出一定的代价，因为一部分白兰地会随着时间的推移慢慢地蒸发掉。据说，仅在法国干邑地区一年蒸发掉的酒约有 2 000 万瓶。由于橡木对白兰地的酒质影响很大，因而酒厂对木材的选择和酒桶的制造也非常讲究。首先，被伐下来的橡木，须经两年以上的风干后才可以用来做木桶，以防橡木中的水分渗出而影响白兰地的醇美口味。其次，所有的木桶都应该纯粹用橡木镶嵌而成，其间不用一颗铁钉或一滴胶水，也不能用锯子来割，以确保贮陈过程不影响酒的色泽和口味。这就要求木匠师傅以聪明才智和娴熟的技巧，利用自然界物体热胀冷缩的原理，将木条用火烤弯，互相吸合造成酒桶，这种酒桶的大小以 350 公升的容量最为合适。装入橡木桶中的酒因进入一部分空气中的氧气，酒质发生变化，从而引起复杂的化学反应并发展为酒香。另外，橡木桶的溶解物质和它的微生物，对于白兰地的老熟和酒香的产生影响极大。酒里的酒精也会蒸发一部分，使酒的烈度降低，并且橡木桶的颜色也逐渐渗入酒中，使原本无色的酒变为晶莹的琥珀色，味道也大有改进。

最好的白兰地是由不同酒龄、不同来源的多种白兰地勾兑而成的。兑酒师要通过品尝储藏在桶内的酒类来判断酒的品质和风格，并决定勾兑比例。兑酒师都有自己的配方，绝不外传。勾兑后的白兰地在适当的容器中放 6 个月就可装瓶。白兰地与葡萄酒不一样，不在瓶中沉淀，装瓶以后就成为定型产品。只要密封后避光、低温保存就可长期留用。勾兑的白兰地酒度在国际上的一般标准是 42～43 度，我国的酒度标准是 38～44 度。

品质优良的白兰地为了突出贮陈年限从而抬高酒价，酒瓶的商标上还要有醒目的特殊标记，这些标记各有不同的意义。例如：

★：3 年陈；★★：4 年陈；★★★：5 年陈；V. O.：10～12 年陈；V. S. O.：12～20 年陈；V. S. O. P.：20～30 年陈；F. O. V.：30～50 年陈；X. O.：50 年陈；X.：70 年陈。

E.：Especial（特别的）；O.：Old（老陈）；P.：Pale（浅色、清澈的，指米加焦糖色）；S.：Superior（优越的）或 soft（柔顺的）；V.：Very（非常）；X.：Extra（格外的，特高档的）；C.：Cognal（干邑）；F.：Fine（好的、精美的）。

这些标记的含义不都是很严格的，不仅代表的酒龄没有严格的确定，相同的标记在不同的地区和厂家所代表的意义也不尽相同。

(4)干邑白兰地（Cognac）

众所周知，白兰地最著名的产地当属法国，然而当人们提到极品白兰地的时候，不是泛指法国白兰地，而是指干邑白兰地（Cognac）。干邑是法国南部的一个地区，位于夏朗德省（Charente）境内。干邑地区的土壤、气候、雨水等自然条件特别有利于葡萄的生长，因此，这个地区所生产的葡萄是全世界首屈一指的，但这并不是说好的葡萄就一定可以酿出优质的白兰地。干邑是法国白兰地最古老、最著名的产区，干邑地区生产白兰地有其悠久的历史和独特的加工酿造工艺，干邑之所以享有盛誉与其原料、土壤、气候、蒸馏设备及方法、老熟方法等密切相关，因此干邑白兰地被称为"白兰地之王"。

干邑白兰地酒体呈琥珀色，清亮透明，口味讲究，风格豪壮英烈，特点鲜明，酒度为 43 度。

干邑白兰地的原料选用的是圣·爱米勇（Saint Emilim）、哥伦巴（Colombard）、白疯女（Folle Blanche）三个著名的白葡萄品种，以夏朗德壶式蒸馏器经两次蒸馏，再盛入新橡木桶内贮存一年后，移至旧橡木桶，以避免吸收过多的单宁。

干邑是白兰地的极品，因此干邑产品受到法国政府的严格限制和保护。依照 1909 年 5 月 1 日法国政府颁布的法令：只有在干邑地区（包括夏朗德省及附近的 7 个区）生产的白兰地才能称为干邑，并受国家监督和保护。这 7 个产区白兰地的质量和产量见表 2-1。

表 2-1 干邑地区白兰地的质量和产量

产区	质量	产量
Grande Champagne（大香槟区）	一级	
Petite Champagne（小香槟区）	二级	
Borderies（边林区）	三级	4.53%
Fins Bois（优质林区）	四级	37.82%
Bons Bois（良质林区）	五级	22.19%
Bois Ordinaires（普通林区） Bois Communs	六级	4.38%

干邑白兰地的名品很多，远销世界各地，常见的品种有人头马 V. S. O. P（Remy Martin V. S. O. P）、马爹利 V. S. O. P（Martell V. S. O. P）、轩尼诗 V. S. O. P（Hennessy V. S. O.

P)、拿破仑 V. S. O. P (Courvoisier V. S. O. P)、普利内 V. S. O. P(Polignae V. S. O. P)、百事吉 V. S. O. P(Bisquit V. S. O. P)、长颈 F. O. V(F. O. V)、马爹利蓝带(Ribbion Martell)、人头马俱乐部(Remy Martin Club)、轩尼诗 X. O. (Hennessy X. O.)、马爹利 X. O. (Martell X. O.)、人头马 X. O. (Remy Martin X. O.)、卡米 X. O. (Camu's X. O.)、拿破仑 X. O. (courvoisier X. O.)、人头马路易十三(Remy Mattin Louis XIII(Paradise))、天堂轩尼诗(Hennessy Paradise)、天堂马爹利(Martell Paradise)、金像 V. S. O. P(Otard U. S. O. P)、金像 X. O. (Otard X. O.)、海因 V. S. O. P(Hine V. S. O. P)、海因 X. O. (Hine X. O.)、卡姆斯 V. S. O. P(Came's V. S. O. P)、大将军拿破仑(Courvoisier Napolone)、奥吉尔 V. S. O. P (Augier V. S. O. P)、金路易拿破仑(Louis P'or Napolone)等。其中,V. S. O. P 以下级别的杂牌较多,质量也参差不齐。

(5)雅邑白兰地(Armagnac)

仅次于干邑的是雅邑白兰地,雅邑位于干邑南部,即法国西南部的热尔省(Gers)境内,以产深色白兰地驰名。雅邑虽没有干邑著名,但风格与其很接近,酒体呈琥珀色,发黑发亮,因贮存时间较短,所以口味烈。陈年或远年的雅邑白兰地酒香袭人,它风格稳健沉着,醇厚浓郁,回味悠长,留杯许久,有时可达一星期之久,酒度为 43 度。相比干邑,当地人更偏爱雅邑。雅邑也是受法国法律保护的白兰地品种。只有雅邑当地产的白兰地才可以在商标上冠以 Armagnac 字样。雅邑白兰地的名品有卡斯塔浓(Castagnon)、夏博(Chabot)、珍尼(Janneau)、索法尔(Sauval)、桑卜(Semp)。

(6)其他国家和地区的白兰地

除了干邑、雅邑以外,世界上还有其他许多国家和地区生产葡萄蒸馏酒,均可称之为白兰地(Brandy)。

①法国白兰地

法国白兰地(Franch Brandy),是指除干邑、雅邑以外的法国其他地区生产的白兰地,与其他国家的白兰地相比,品质上乘。

②西班牙白兰地

西班牙白兰地(Spanish Brandy),除法国以外,西班牙白兰地是最好的。有些西班牙白兰地是用雪利酒(Sherry)蒸馏而成的。目前许多这种酒是用各地产的葡萄酒蒸馏混合而成的。此酒在味道上与干邑和雅邑有显著的不同,味较甜且带土壤味。

③美国白兰地

美国白兰地(American Brandy)大部分产自加州,它是以加州产的葡萄为原料,发酵蒸馏至 85proof,贮存在白色橡木桶中至少两年,有的加焦糖调色而成的。

除此之外,葡萄牙、秘鲁、德国、希腊、澳洲、南非、以色列和意大利、日本也主产优质白兰地。

(7)白兰地的饮用

比较讲究的白兰地饮用方法是净饮,用白兰地杯,另外用水杯配一杯冰水。喝时用手掌握住白兰地杯壁,让手掌的温度经过酒杯稍微暖和一下白兰地,让其香味挥发,充满整个酒杯(224 毫升的白兰地杯只倒入 28 毫升白兰地酒),边闻边喝,才能真正地享受饮用白兰地酒的奥妙。冰水的作用是:每喝完一小口白兰地,喝一口冰水清新味觉,其目的是使下一口白兰地的味道更香醇。

英国人喝白兰地喜欢加水,中国人多喜欢加冰,那都只是对喝一般牌子的白兰地而言的。对于陈年上佳的干邑白兰地来说，加水、加冰是浪费了几十年的陈化时间，丢失了香甜浓醇的味道。

白兰地也可以与其他软饮料混合在一起喝，例如，白兰地加可乐，具体做法是：用一个柯林杯放半杯冰块，量28毫升白兰地、168毫升可乐，用酒吧匙搅拌一下。

(8)白兰地品牌介绍

①人头马

人头马白兰地系法国夏朗德省科涅克地区有270多年历史的雷米·马丹公司所生产，因其商标上有一匹人头马而得名。人头马白兰地酒纯正平和、香味浓郁、色泽鲜亮，按储存年代长短不同可分成几种，其中储存时间最短的“上等陈酿”也在6年以上，而在酒窖里度过50年漫长岁月的“路易十三”则被视为“人头马”中的极品。人头马贵为特优香槟干邑专家，一直被誉为干邑品质、形象和地位的象征。是世界四大白兰地品牌中唯一一个由干邑省本地人所创建的品牌。人头马也是四大白兰地品牌中唯一一家自己种植葡萄的公司，旗下有人头马VSOP、XO等。

②马爹利

马爹利(Martell)是产自法国干邑地区的著名干邑白兰地品牌，也是世界上最古老、最驰名的白兰地酒。它是以其创始人的名字命名的。马爹利由一位来自(Island of Jersey)的年轻人“Jean Martell”于1715年创立，今天，“马爹利”已经成为名贵好酒，驰名全世界了。但由于出产地不过是座小岛，产量很小，供不应求，所以价钱不菲。马爹利旗下有马爹利金牌、名士、蓝带、XO等。

③轩尼诗

轩尼诗是法国LVMH集团旗下品牌。爱尔兰人李察·轩尼诗于1756年在法国康那克地方创立了轩尼诗公司。经过了一个世纪，正逢制造白兰地热潮。制造商很多，令酒类爱好者困扰不已，这个时候正好是1865年拿破仑三世时代，该公司开始使用能够证明产品级别及品质的星号，并且获得极高评价，后来轩尼诗就成了白兰地酒的代名词，一直存留至今。轩尼诗旗下有轩尼诗VSOP、轩尼诗李察干邑、轩尼诗XO、轩尼诗百乐廷等。

④张裕

张裕金奖白兰地是张裕集团产销量最大的葡萄酒品种之一，约占中国同类酒产销总量的90%以上。它不仅行销全国，而且出口到20多个国家和地区。“张裕”生产白兰地已有百年历史，早在1915年巴拿马万国博览会上就荣获金奖，“金奖”二字由此而来。

张裕金奖白兰地以优质葡萄为原料，经发酵、蒸馏并于橡木桶内长期贮藏陈酿而成，其酒液呈琥珀色，以气香高雅、口味醇和而著称于世。饮用时可加入矿泉水、冰块及各种饮料同饮，其风味不变。张裕集团在保持传统名牌的基础上，又先后开发了XO级白兰地、低度XO级白兰地，以陈酿年限分为XO、VSOP、VO、VS等级别，其陈酿分别为16年、8年、4年、2年。

2. 威士忌

中世纪初的炼金术士偶然发现，在炼金用的坩埚中放入某种发酵液，会产生酒精度强烈的液体，这便是人类初次获得的蒸馏酒。英格兰亨利二世在远征爱尔兰的战争中，常常饮用一种以谷物为原料的蒸馏酒，这就是威士忌的前身。威士忌的木桶贮藏法诞生于18世纪。当时，一些不满英政府麦芽税的苏格兰造酒商为了逃税，将造出的酒用木桶装好，藏在不为人察觉的深山中，经过一段时间后打开一尝，发现酒味更加醇厚成熟，木桶贮藏法就此传播开来，以苏格兰威士忌最为著名。威士忌在国际酒类贸易中占重要地位，其贸易额在蒸馏酒中仅次于白兰地。

苏格兰与加拿大产的威士忌拼法为 Whisky，而美国与爱尔兰产的威士忌在拼法上稍有不同，为 Whiskey，是一种只用谷物作为原料、含酒精的饮料，属于蒸馏酒类。

威士忌这一名称当初源自于盖尔语里的 uisge beatha（意指“生命之水”，拉丁文为 aqua vitae）。所谓的“生命之水”一开始其实是指酒精这种物质本身，早期的人类在刚发现蒸馏术时，并不是非常了解这种新技术本身的原理，因此他们误以为酒精是种从谷物（或是谷物溶水形成的麦汁发酵后的产物——啤酒）里面提炼出来的精髓，一如人的身体里面藏有灵魂、灵魂是生命的精髓。从这一点不难理解威士忌其实是经过非常长的时间、在非常广泛的区域里逐渐演变而成的一种酒，它在不同地区会有不同的称呼，纵使同样的一个称呼也可能在不同地区代表不同的意义，而非一个很明确的分类，但为了方便理解，人们通常只会称呼以谷物这类农产品为原料制造出的烈酒为威士忌。

从广义上解释，威士忌是所有以谷物为原料所制造出来的蒸馏酒之通称。虽然在传统观念上，许多人都认为威士忌是以大麦为原料制造，但实际上却并非如此。这样的情况有点类似白兰地，虽然许多人都认为只有以葡萄为原料所制造出来的蒸馏酒才叫白兰地，但事实上，白兰地这名词泛指所有以水果为原料所制造出来的蒸馏酒。

威士忌这名词本身的定义并不是非常严谨，除了只能使用谷物（cereals/grains）作为原料这个较为明确的规则外，有时刚蒸馏完毕还处于新酒状态的威士忌，本身特性其实与其他的中性烈酒（Neutral Spirits，如伏特加、白色兰姆酒）差异并不大。几乎所有种类的威士忌都需要在橡木桶中陈年一定时间之后才能装瓶出售，因此我们可以把陈年这道手续列为制造威士忌酒的必要过程。除此之外，要能在蒸馏的过程之中保留下谷物的原味，以便能和纯谷物制造且经过过滤处理的伏特加酒或西洋谷物酒（如 Everclear）区别，是威士忌另一个较为明确的定义性要求。

除了上面两个重点以外，威士忌这个酒种并没有很明确的分类边界可以定义。相比之下，一些比较细的威士忌分类反而拥有非常严谨的定义甚至分类法规，这是个很有趣的现象。

很多国家都生产威士忌，世界最著名的威士忌有四大产地，即苏格兰威士忌、美国威士忌、爱尔兰威士忌、加拿大威士忌。

(1)苏格兰威士忌（Scotch Whisky）

苏格兰威士忌（Scotch Whisky，或直接简称 Scotch），是一种只在苏格兰地区生产制造的威士忌。苏格兰威士忌与其他种类的威士忌，尤其是与它极为相似的邻居爱尔兰威士忌最大的不同是在制造过程中使用了泥炭这种物质。

①苏格兰威士忌的历史

迄今为止虽然没有明确的记载，但一般公认苏格兰威士忌的生产最早是在公元四五世纪时由教士自爱尔兰地区传入苏格兰。有文献记载的苏格兰威士忌最早是在 1494 年时，一位天主教修士约翰·柯尔（Friar John Corr）在当时的英王詹姆士四世要求下，采购了八箱麦芽作为原料，在苏格兰的离岛艾拉岛制造出第一批“生命之水”，而当时英王授予的采购契约就成为今日可见到的关于苏格兰威士忌最早的文字记录。

随着苏格兰威士忌的逐渐流行，当地政府开始意识到这种新产业的存在，并在 1644 年时首次开征威士忌制造税，1786 年时甚至针对各地区的威士忌生产课征高额赋税，迫使许多造酒人不得不躲躲藏藏地逃至偏远的山区继续酿造私酒。现在许多苏格兰威士忌的标准制造手法，例如小型的壶状蒸馏器、二手的橡木桶与石板铺地式陈年方式，都与这段时期的“权宜措施”有关，但这正好成就了苏格兰威士忌的特有制酒技术，这恐怕也是先人们始料未及的。

1823年，英国政府修改税法并重新开放蒸馏厂营业许可的申请，两年间申请合法化的酒厂暴增一倍，今日市面上常听到的苏格兰麦芽威士忌蒸馏厂几乎都是1823年之后陆续创立的。

②苏格兰威士忌的主要品牌

• 皇家礼炮21年(Royal Salute 21 Years Old)

1953年，为庆祝英国伊丽莎白女王登基，“芝华士兄弟(Chivas Brothers)”酒厂推出一款名为“皇家礼炮”的顶级调和威士忌。

为打造皇室形象，“皇家礼炮”从名称到包装环环紧扣皇家主题。其名称源于每年英国女王或威尔斯王子生日时，英国皇家海军舰队对空鸣响21声礼炮的最高敬意，每一瓶手工打造的蓝色瓷瓶，由英国知名陶瓷厂“Wade”的工匠花费6天时间制作而成。

伊丽莎白女王登基当年推出的“皇家礼炮”，每一个酒瓶都铸有皇室徽章标签，上面印有女王题词的缩写，女王皇冠上所镶的红、蓝、绿翠三色宝石，化为三色瓶身。当然，这一切都是为了珍藏瓶内贮藏21年的甘美佳酿。

酒色魅力：初闻，丰盈的果香袭人；浅尝，仿若蜜汁般柔顺甘美与深邃迷人的烟熏味巧妙交融，如一首韵味悠长的诗歌，值得咀嚼再三、细细品味。

• 皇家礼炮50年(Royal Salute 50 Years Old)

2003年，英女王即位50周年，“芝华士兄弟”酒厂推出酝酿50年的珍藏纪念酒，而且据酒厂表示，至少8年内都不可能再推出超过50年的调和威士忌。

为打造出这种酒的“尊荣极致”，瓶身设计与包装更加气势非凡。瓶身仍由“Wade”以纯手工打造，深蓝色瓶身外饰以999纯银及24K金纹章，连瓶塞也是金银镶嵌。此外，因全球限量255瓶，酒标上还编有珍藏序号，每瓶定价高达1万美金。

酒色魅力：口感犹如“香水”，有核果、花香和烟熏味均匀结合的迷人香气，入喉带有深沉、甘美、醇郁、令人迷醉的欢愉享受，若以服装来比喻，好比一袭独一无二、创意十足、做工精细的“高级订制礼服”。

• 芝华士威士忌(Chivas Regal)

芝华士威士忌是“芝华士兄弟”酒厂的销售主力，平均每一秒钟卖出一瓶。

爱喝威士忌的村上春树在他的小说新作《海边卡夫卡》中，让“Johny Walker”变成“猫之杀手”，却让“Chivas Regal”成为他放松心情品尝佳酿的首选。

“芝华士”对于许多人来说，几乎等于“苏格兰调和威士忌”的代名词。

酒色魅力：苏格兰调和威士忌的代表作之一，口感华丽又均衡、浓郁又不失柔顺。

• 格兰利威(The Glenlivet)

这又是一个受到皇室护航的故事。19世纪初，苏格兰高地充斥着私人酿酒厂，当时政府派遣骑兵团大举取缔非法酒厂，唯独“格兰利威”因为受到乔治五世国王的喜爱而得以保留。

1824年，“格兰利威”创办人乔治·史密斯取得合法生产“格兰利威”威士忌的执照，成为苏格兰高地唯一合法酒厂，而国王的最爱也成为这支单一纯麦芽威士忌的品质保证。

“格兰利威”单一纯麦芽威士忌系列有12、18、21等年份，果香浓郁的“格兰利威12年”目前为市场的指标产品。

酒色魅力:关于单一纯麦芽威士忌的那些花香、果香的形容词很多,而“格兰利威”则更有女人味、更细致、更优雅,有别于其他单一纯麦芽威士忌的翩翩绅士的儒雅味道。

(2)美国威士忌(Bourbon)

①美国威士忌介绍

美国威士忌又被称为波本威士忌。波本(Bourbon)是位于美国肯塔基州内的一个县城,是美国最先以玉米为原料酿造出威士忌的地方。没人能肯定最早的波本威士忌产于什么时候,有的说是1777年,也有的说是1789年。当年的苏格兰人和爱尔兰移居到美洲东海岸,按照他们家乡的传统办法用小麦来酿造威士忌。随着时间的推移,移居者亦不断地向美洲内陆推进。当他们移居到现在的波本县时,移居者发现在这里更易种植的是其他一些谷类,如黑麦和玉米。从此,用玉米酿造威士忌的“波本”便逐渐产生。虽然今天的波本威士忌的产地已扩大到马里兰州、印第安纳州、伊利诺伊州等地,可一半以上的波本威士忌仍然产于肯塔基州。

波本威士忌的酒精含量为40%~50%,必须选用至少51%的玉米作为原料酿制而成。事实上,大多数的酒商采用60%或者80%的玉米做原料,其余的部分用黑麦和小麦。波本威士忌采用连续蒸馏两次的方法酿造而成,必须在新制的烘烤过的白橡木桶内储藏两年以上,所有的产品均在保温仓库里储藏和装瓶。

波本威士忌的口味与苏格兰威士忌的口味有很大的区别。由于波本威士忌被储藏于烘烤过的橡木桶内,从而使其产生一种独特的香味。

②美国威士忌的品牌

A. 占边(Jimbeam)

占边威士忌俗称占边(沾边),产自波本威士忌的故乡,肯塔基州的波本镇,始于1795年,最初是因为玉米产量过大而不得不用来酿酒。波本威士忌的特征是原料中使用玉米,蒸馏木桶内部经火强烈的烧烤而酿制,口味强烈而独特。占边威士忌的销量在全美排名第一,是全球最受欢迎的威士忌品牌,每瓶均经过至少四年的窖藏,远超过波本两年的法定年数。占边波本威士忌之所以广受欢迎,除了其醇厚的风味外,其多样性的饮用方法也是主因,它可以直接喝或加冰块享用,也可以调配矿泉水、苏打水、橘子水或可乐,每一种饮法都各有风味,现今它已是调酒师必备的鸡尾酒用威士忌。

B. 杰克·丹尼(Jack Danel)

杰克·丹尼是世界十大名酒之一。杰克·丹尼酒厂于1866年诞生于美国田纳西州莲芝堡,是美国第一间注册的蒸馏酒厂。杰克·丹尼威士忌畅销全球一百三十多个国家,单瓶销量多年来高踞全球美国威士忌之首。其酿酒特点是挑选最上等的玉米、黑麦及麦芽等全天然谷物,配合高山泉水酿制,原料不含任何人造成分。杰克·丹尼威士忌采用独特的枫木过滤方法,用新烧制的美国白橡木桶储存,使酒散发出天然独特的馥郁芬芳。

杰克·丹尼的整个生产过程都有着极为严格的规定,而且早在选玉米、黑麦和大麦等原料的环节就严格把关。这些谷物用酒厂附近的山泉水加工,成为一种麦芽浆。泉水温度常年保持在华氏56度,不含铁质,但富含石灰质。杰克·丹尼的威士忌就是通过古老的使麦芽浆变酸的方式酿造出来的。当然,这种威士忌不是真正的酸性酒,我们把它叫做酸麦芽浆威士忌酒。

发酵的最后结果就是产生了所谓“酿酒人的啤酒”,然后把它装进蒸馏器器里提炼。如果把提炼出来的威士忌立即装入桶内存陈,它就可能成为波本威士忌酒。但是,杰克·丹尼酿酒厂在提炼出威士忌酒后还把它放在3米厚，用糖枫树烧成的炭上面过滤，于是酒就缓缓地滴下来。恰恰就是这最后一道工序使得杰克·丹尼生产的威士忌酒远远地胜过了波本威士忌酒，为杰克·丹尼平添了与众不同的味道，并最终获得"田纳西威士忌"的美名。

(3)爱尔兰威士忌(Irish Whiskey)

①爱尔兰威士忌介绍

爱尔兰威士忌是一种只在爱尔兰地区生产，以大麦芽与谷物为原料经过蒸馏所制造的威士忌。

爱尔兰可以说是威士忌的发源地，最早是从修道院里流传到民间的蒸馏术，在英王亨利八世宣布开始课征重税之前，一度曾是爱尔兰每个山野乡林必备的民生工业。爱尔兰威士忌比苏格兰威士忌更早在英格兰地区流行，但因为该地区的经济衰退与重税政策的打击，大部分的爱尔兰蒸馏厂都必须靠不断的合并维持命脉，以至于能存活至今的所剩无几且多数由外国企业把持。

在制作材料上，爱尔兰威士忌与它隔邻的苏格兰威士忌差异并不大，一样是用发芽的大麦为原料，使用壶式蒸馏器三次蒸馏，并且依法在橡木桶中陈年三年以上的麦芽威士忌，再加上由未发芽大麦、小麦与裸麦经连续蒸馏所制造出的谷物威士忌，进一步调和而成。然而，爱尔兰式的做法与苏格兰有个比较关键的差异，就是爱尔兰威士忌在制造过程中几乎不使用泥炭作为烘烤麦芽的燃料。

②爱尔兰威士忌的品牌

A. 约翰·詹姆森(John Jamesom)

该品牌创立于1780年爱尔兰的都柏林，是爱尔兰威士忌酒的代表，其标准品 John Jameson 具有口感平润的特点并带有清爽的风味，是世界各地酒吧的常备酒品之一。"Jameson1780 12年"威士忌酒具有口感十足、甘醇芬芳的特点，是极受人们欢迎的爱尔兰威士忌名酒。

B. 布什米尔(Bushmills)

布什米尔以酒厂名字命名，创立于1784年。该酒以精选大麦制成，生产工艺较复杂，有独特的香味，酒精度为43度，分为 Bushmills、BlackBush、Bushmills Malt(10年)三个级别。

C. 特拉莫尔露(Tullamore Dew)

该酒得名于酒厂名，特拉莫尔露酒厂创立于1829年。该酒的酒精度为43度，标签上描绘的狗代表的是牧羊犬，是爱尔兰的象征。

(4)加拿大威士忌

①加拿大威士忌介绍

加拿大威士忌(Canadian Whisky)，是一种只在加拿大制造的清淡威士忌。在原料选用上，虽然加拿大威士忌常常被认为是一种用裸麦(黑麦)制造的威士忌，但实际上加拿大威士忌是不折不扣的谷物威士忌——主要使用包括玉米、裸麦、裸麦芽与大麦芽等多种谷物材料来制作。

几乎所有的加拿大威士忌都属于调和式威士忌，以连续式蒸馏制造出来的谷物威士忌为主体，再以壶式蒸馏器制造出来的裸麦威士忌(Rye Whiskey)增添其风味与颜色。由于连续式蒸馏的威士忌酒通常都比较清淡，甚至很接近伏特加之类的白色烈酒，因此加拿大威士忌常号称是"全世界最清淡的威士忌"。

加拿大威士忌在蒸馏完成后，需要装入全新的美国白橡木桶或二手的波本橡木桶中陈年超过三年始得贩售。有时酒厂会在将酒进行调和后放回橡木桶中继续陈年，或甚至直接在新酒还未陈年之前就先调和。

②加拿大威士忌的品牌

加拿大威士忌在国外比国内更有名气，它的原料构成受到国家法律条文的制约。其主要酿制原料为玉米、黑麦，再掺入其他一些谷物原料，但没有一种谷物超过50%的，并且各个酒厂都有自己的配方，比例都保密。加拿大威士忌在酿制过程中需两次蒸馏，然后在橡木桶中陈酿2年以上，再与各种烈酒混合后装瓶，装瓶时酒度为45度。一般上市的酒都要陈年6年以上，如果少于4年必须在瓶盖上注明。加拿大威士忌酒色棕黄，酒香芬芳，口感轻快爽适，酒体丰满，以淡雅的风格著称。主要的知名品牌有：

• Alberta（艾伯塔）。艾伯塔产自于加拿大艾伯塔州，分为普瑞米姆（Premium）和泉水（Springs）两个类型，酒度均为40℃，具有香醇、清爽的风味。

• Crown Royal（皇冠）。皇冠是加拿大威士忌酒的超级品，以酒厂名命名。因1936年英国国王乔治六世在访问加拿大时饮用过这种酒而得名，酒度为40℃。

• Seagram's V. O（施格兰特酿）。该品牌以酒厂名字命名。Seagram原为一个家族，该家族热心于制作威士忌酒，后来成立酒厂并以施格兰命名。该酒以稞麦和玉米为原料，贮存6年以上，经勾兑而成，酒度为40℃，口味清淡而且平稳顺畅。

此外，还有著名的Canadian Club（加拿大俱乐部）、Velvet（韦勒维特）、Carrington（卡林顿）、Wiser's（怀瑟斯）、Canadian O. F. C（加拿大O. F. C）等产品。

3. 金酒

金酒又称杜松子酒，最初是荷兰来顿大学的医学教授西尔威斯先生在1660年发明的一种用于利尿、麻醉的药品，但由于其含有酒精的成分，很多人把它稀释后当作酒品饮用，很快风靡了整个荷兰，成为人们喜爱的酒精饮品。这种酒还同时具有健胃、解热等功效。金酒是一种以谷物为主要原料，配以各种香料蒸馏出来的蒸馏酒。金酒在世界上名字很多，在荷兰被称为Ge-never，在英国被称为Gin，在德国被称为Wacholder，而法国则被称为Genevier-eo。金酒在我国也有不同的称谓，广东、香港等南方人叫它毡酒，台湾人叫它琴酒，而大部分地区称之为金酒。另外，由于金酒的调香原料主要是杜松子（杜松子属松柏类常绿植物，该果实为浆果类，是酿制金酒不可缺少的原料），所以又有人称其为杜松子酒。金酒在国际上主要分为英国金酒和荷兰金酒两种类型。

17世纪威廉三世统治英国时，发动了一场大规模的宗教战争，参战的士兵把金酒由欧洲大陆带回英国。1702—1704年，当政的安妮女王对法国进口的葡萄酒和白兰地苛以重税，而对本国的蒸馏酒降低税收。金酒因而成了英国平民百姓的廉价蒸馏酒。另外，由于金酒原料低廉、生产周期短，不需要长期增陈贮存，生产成本很低，因此经济效益很高，不久就在英国流行起来。当时有一家小客栈打出一个非常有趣的招牌，由此可以看出当时的金酒是何等的便宜：

Drunk for a penny 一分钱喝个饱；

Dead drunk for two penny 二分钱喝个倒；

Clean straw for nothing 穷小子来喝酒，一分钱也不要。

英式金酒的生产过程较荷式金酒更为简单，它用食用酒槽和杜松子及其他香料共同蒸馏而得干金酒。由于干金酒酒液无色透明、气味奇异清香、口感醇美爽适，既可单饮，又可与其他酒混合配制或作为鸡尾酒的基酒，所以深受世人的喜爱。

(1)英国金酒

英国金酒又称英国干式金酒或伦敦干金酒。所谓干式金酒，是指酒味不甜、不带原体味的金酒。英国制造金酒是用70%的玉米、15%的大麦和10%的其他谷类，经过粉碎、加热、发酵、蒸馏等工艺制造而成的。英国干式金酒的蒸馏需要先提炼谷物原酒，经过三次蒸馏后，蒸馏出来的原酒酒液含有90～94度的酒精纯度，然后加入蒸馏水进行酒水稀释，使酒精度降低到60度，再将各种香料(如大面香、胡荽籽、小豆蔻、桂皮、柠檬、橙皮、白花、天使杜鹃的种子和根等，但最主要的还是杜松子)加入蒸馏器中进行第四次蒸馏，最后去掉酒头和酒尾，便得到了英国干式金酒。金酒一般不需要酿藏(不过在美国有些金酒要陈酿一段时间)，英国干式金酒装瓶时的酒精度数一般控制在34～47度。

①英国金酒的特点

英国干式金酒酒液具有无色透明，口感甘冽、醇美、爽适，酒香浓郁的特点，广受世人喜爱。尤其是在调制鸡尾酒的过程中，英国干式金酒是酒吧必不可少的基酒之一。

②世界著名的英国干式金酒品牌

• 哥顿。哥顿(Gordon's)又称狗头牌金酒，由亚历山大 • 哥顿于1769年在伦敦创立。该酒以经过多次蒸馏的酒精配以杜松子以及多种香料调制而成，口感滑润，酒味芳香，是目前世界上销量最大的伦敦干金酒，平均每秒钟可销售4瓶，是酒吧常备酒品之一。

• 必发达。必发达(Befeater)又称将军金酒或伦敦金卫士。必发达金酒由创立于1820年的杰姆斯 • 巴罗公司出品，是世界著名的金酒产品。必发达是调配马丁尼时最常使用的基酒，具有香味爽快、入口顺畅的特点，酒度为47度。

• 布斯。布斯(Booth)又称红狮金酒，是世界上最著名的伦敦咸味金酒，具有口味清爽、明快，入口难忘的特点。

• 钻石金。钻石金(Gilbey's)由创立于1872年的伦敦吉里贝公司出品，目前吉里贝公司和日本尼卡公司技术合作在日本生产该品牌伦敦干金酒。其酒度分为37度、47.5度等。

(2)荷兰金酒

荷兰金酒的产地主要集中在荷兰斯希丹一带，是荷兰的国酒。荷兰金酒以大麦芽为主要原料，加大调香原料(杜松子、胡荽、小豆蔻、柠檬、杏仁等)蒸馏而成的。其制造方法同英国干式金酒基本相似，制造完成后不需陈酿就可以直接上市销售；一般酒度越高，酒质就越好。

荷兰金酒的味道是辣中带甜，有明显的谷物芬芳，无论纯饮还是加冰，喝起来都很爽口，其酒液无色透明，酒香与调香味道突出，甚至可以盖过任何饮料，所以荷兰金酒只适合纯饮或者加冰，而不适合与其他酒水混合调制鸡尾酒。

荷兰金酒享誉世界的著名品牌有：Bolsgenever(波尔斯)、Henkes(汉可斯)、Bokmu(波克马)、Hasekamp(哈瑟坎坡)。

(3)金酒的饮用

金酒的饮用方法堪称多种多样。在东印度群岛一带，比较流行的做法是在饮用前用苦精(Bitter)洗杯，然后再注入荷兰金酒大口快饮，据说这种饮用方法还具有开胃的功效。如果饮后再喝上一杯冰水，那种感觉就更是美不胜言。而荷兰金酒加冰块后再配以一片柠檬，就是如今享誉世界的著名饮品“干马提尼”(Dry Martini)的最好代用品了。

伦敦干金酒也可以冰镇后纯饮。冰镇的方法有很多，例如，将酒瓶放入冰箱或冰桶，或在倒出的酒中加冰块，但大多数客人喜欢将之用于混饮(即做混合酒的基酒)。

4.伏特加

伏特加是从俄语中的“水”一词派生而来的，是俄国具有代表性的白酒，一开始是用小麦、黑麦和大麦等为原料酿造的，18 世纪以后开始使用土豆和玉米做原料。蒸馏而成的伏特加原酒，需要经过 8 小时以上的缓慢过滤，用活性炭吸收原酒液的味道。

伏特加无色、无香味，具有中性的特点，不需贮存即可出售。由于伏特加无色透明，与金酒一样，可与其他酒类混合调成各种混合饮品和鸡尾酒。

现在许多国家(如波兰、德国、美国、英国、日本等)都有生产伏特加。

(1)俄罗斯伏特加

①俄罗斯伏特加的特点

俄罗斯伏特加最初的用料为大麦，以后逐渐改用含淀粉的玉米、土豆，其在酿造酒醪和蒸馏原酒过程中与其他蒸馏酒并无特殊之处，区别在于伏特加要进行高纯度的酒精提炼，达到 190proof。经再次蒸馏精炼后注入白桦活性炭过滤槽中，进行缓慢的过滤，以使精馏液与活性炭分子充分接触而净化，将原酒中包含的酸类、醛类、醇类及其他微量物质去除，便得到了纯粹的伏特加，它不需要陈酿。

经过以上工序处理的伏特加，酒液无色，清亮透明如晶体，除酒香外，几乎没有什么别的香味，口味凶烈，劲大冲鼻，咽后腹暖，但饮后绝无上头的感觉。

②俄罗斯伏特加的品牌

俄罗斯伏特加名品有：Moskovskaya(莫斯科绿牌)、Stolichnaya(莫斯科红牌)、Bolskaya(波士伏特加)、Limonnaya(柠檬那亚)、Starka(音译为斯达卡)、Russkaya(俄罗斯卡亚)、Stolovaya(斯托罗伐亚)、Pertsovka(伯特索夫卡)。

• 莫斯科红牌(Stolichnaya)。红牌伏特加(苏联红牌)也叫“斯托利”，是纯正的俄罗斯伏特加，真正稀有。其口感绵软纤细，香味清淡，以蝴蝶和奇花异草来指代该酒的高贵品质，是俄罗斯的传统蒸馏酒。红牌伏特加以燕麦、大麦、小麦等为原料，经粉碎、蒸煮、糖化、发酵和蒸馏制得优质酒精，再进一步加工而成。

• 莫斯科绿牌(Moskovskaya)。莫斯科绿牌伏特加很好地体现出俄罗斯伏特加酒液的纯净，除了伏特加酒的酒香以外没有任何混杂的气味，口感浓烈，劲很大，像烈火一样刺激。

(2)波兰伏特加

①波兰伏特加的特点

波兰伏特加在世界上颇有名气，它的酿造工艺与俄罗斯伏特加相似，区别只是波兰人在酿造过程中加入了许多草卉、植物和颗粒等调香原料，所以波兰伏特加的香味比俄罗斯伏特加更加丰富，更富韵味。

②波兰伏特加的品牌

波兰伏特加的名品有：Blue Bison(兰野牛)、Wyborowa(维波罗瓦)、Zubrowka(朱波维卡)。

维波罗瓦(Wyborowa)就是来自伏特加故乡波兰的顶级伏特加，维波罗瓦是世界上最古老的伏特加品牌，她源于伏特加的诞生地——公元五世纪的波兰。此种伏特加由黑麦提取，口感润滑。

自 1823 年诞生以来，维波罗瓦以其清爽纯正迅速在世界各地流行起来，成为波兰伏特加酒的旗帜。继原味和柠檬口味之后，2006 年 8 月，维波罗瓦和象征极致激情活力的玫瑰相遇，诞生了全新的维波罗瓦玫瑰口味伏特加。波兰民族热情、奔放、热爱生活，这恰与展现自我、享受生命、勇于挑战的 Hip-Hop 有着相近的关联。Hip-Hop 是一种热情的释放，正如波兰自由奔放的民族精神；是一种极致的原创，正如维波罗瓦伏特加的纯正清爽。传承波兰血统的维波罗瓦将自身与 Hip-Hop 文化联结在一起，成就了两者的不解渊源。在这款玫瑰新口味伏特加的上市活动中，维波罗瓦继续与 Hip-Hop 的文化联结，两股力量再次聚合，带来前所未有的绚情体验。

(3)其他国家的伏特加

现如今伏特加已不再是俄罗斯的专利产品，很多国家（如美、法、英、瑞典和荷兰等）都生产，与其品质不相上下的伏特加名品有：Smirnoff（皇冠伏特加，也音译为斯米尔诺夫，美产）、Silverado（音译为西尔弗拉多，美产）、Samovar（音译为三莫瓦，美产）、Finlandia（芬兰地亚，芬兰产）、Absolute Vodka（瑞典伏特加，瑞典产）、Cossack（哥萨克，英产）、Vladivat（音译为夫拉地法特，英产）、Voloskaya（音译为弗劳斯卡亚，法产）、Karinskaya（音译为卡林斯卡亚，法产）。

①斯米尔诺夫(Smirnoff)

皇冠伏特加产自美国，是全世界销量最大的伏特加。1818 年，皇冠伏特加酒厂（Pierre Smirnoff Fils）在莫斯科建立，1917 年十月革命后仍为一个家族企业。1930 年，其配方被带到美国，在美国建立了皇冠伏特加酒厂。该伏特加的酿制过程要求极为严格，要求每滴酒精都需要至少八小时才通过一万四千磅活化木炭。这种彻底过滤法和 47 种质量控制标准是伏特加酒工业中其他品牌所不具备的特点。

②瑞典伏特加(Absolute Vodka)

瑞典伏特加是世界知名的伏特加酒品牌，虽然伏特加酒起源于俄罗斯（一说波兰），但是瑞典伏特加却产自瑞典南部小镇 Ahus。多年来，瑞典伏特加不断采取富有创意而又高雅、幽默的方式诠释该品牌的核心价值——纯净、简单、完美。瑞典伏特加由冬小麦制成，其坚实谷粒赋予了伏特加优质细滑的特征。每年大约有 80 000 吨的冬小麦被用于瑞典伏特加的生产，每生产 1 升瑞典伏特加要用掉超过 1 公斤的冬小麦。

(4)伏特加的饮用

伏特加的标准用量为 40mL/份，可选用利口杯净饮或古典杯加冰块饮用，作为佐餐酒或餐后酒，常温服务；单饮时备凉水一杯。

快饮是伏特加的主要饮用方式。“大口大口地喝伏特加，佐以鱼子酱和熏鱼”常常被人们用来形容俄罗斯人及波兰人酷爱伏特加的情形。因伏特加是一种无嗅无味又无香气的酒，非常适宜兑果汁汽水饮用，也是鸡尾酒调制中最重要的基酒之一。

5. 朗姆酒

哥伦布第二次航行美洲时来到古巴，他从加纳利群岛带来了制糖甘蔗的根茎。让人们意想不到的，正是这些根茎代替了人们来到土著人称作 Cipango 的这个岛上寻找的金子。

法国传教士拉巴（Jean Baptiste Labat，1663—1738）看到岛上处于原始生活状态的土著人、黑人和一小部分居民，用甘蔗汁制作一种刺激性的烈性饮料，喝后能使人兴奋并能消除疲劳。这种饮料是经发酵而成的。欧洲人早在 18 世纪初就知道了这种方法，后经过海盗、商人传入古巴，这就是最早的朗姆酒。

朗姆酒是古巴人的一种传统饮料，属于天然产品，由制糖甘蔗加工而成。古巴朗姆酒是将以甘蔗蜜糖为原料制得的甘蔗烧酒装进白色的橡木桶，之后经过多年的精心酿制，使其产生一股独特的、无与伦比的口味,从而成为古巴人喜欢喝的一种饮料,并且在国际市场上受到广泛的欢迎。朗姆酒整个生产过程从对原料的精心挑选起,到生产中酒精的蒸馏、甘蔗烧酒的陈酿,把关都极其严格,其生产过程中除去了重质醇,而把使人愉悦的酒香给保存了下来。朗姆酒的质量由陈酿时间决定,有1年的,也有好几十年的。市面上销售的朗姆酒通常为3年和7年的,它们的酒精含量分别为38度、40度。

朗姆酒可以直接单独饮用,也可以与其他饮料混合成好喝的鸡尾酒,既可以在晚餐时作为开胃酒来喝,也可以在晚餐后喝。朗姆酒在重要的宴会上是极好的佐餐伴侣。

(1)朗姆酒的分类

朗姆酒是微黄、褐色的液体,具有细致、甜润的口感,芬芳馥郁的酒精香味。它分为清淡型和浓烈型两种风格。

①清淡型朗姆酒是用甘蔗糖蜜、甘蔗汁加酵母进行发酵后蒸馏,在木桶中储存多年,再勾兑配制而成的。其酒液呈浅黄色到金黄色,酒精含量在45~50度。清淡型朗姆酒主要产自波多黎各和古巴,它们有很多类型并具有代表性。

②浓烈型朗姆酒是由掺入蔗糖残渣的糖蜜在天然酵母菌的作用下缓慢发酵制成的。酿成的酒在蒸馏器中进行两次蒸馏,生成无色的透明液体,然后在橡木桶中熟化5年以上。

浓烈型朗姆酒呈金黄色,酒香和糖蜜香浓郁、味辛而醇厚,酒精含量在45~50度。浓烈型朗姆酒以牙买加的朗姆酒为代表。

(2)朗姆酒的驰名品牌

朗姆酒的驰名品牌包括Mulata(古巴混血姑娘)、Bacardi Light(百家得淡酒)、Bacardi Silver(百家得银标)、Bacardi Gold(百家得金标)、Bacardi 151(百家得151Proof)、Puerto Rico Rum(波多黎各朗姆酒)、Jamaican Rum(牙买加朗姆酒)、Myer's Rum(美雅士朗姆酒,牙买加)、Havana Club(哈瓦那俱乐部朗姆酒)、Don Q(堂吉诃德朗姆酒,波多黎各)。

①百家得(Bacardi)

百加得朗姆酒诞生于1862年,是当今世界三大洋酒品牌之一,长期居朗姆酒世界销量冠军。百加得朗姆酒创立于古巴的圣地亚哥,精选优质原料和水,并采用历史上首创的平行蒸馏法,经木炭过滤和白橡木桶熟化陈年,酒体顺滑清醇、光泽透明。百加得高级朗姆酒入口温和醇厚,带着缕缕的甜杏和薰衣草香味,清甜的热带水果味留于唇齿间,余味纯粹干净。150多年来,百加得朗姆酒已获得了超过三百个国际性大奖;而象征着财富与健康的百加得蝙蝠标识商标,也成了百加得优良品质的标志。百加得与生俱来的热情、活力、原创的精神更为自己向全世界热爱百加得、热爱生活的人们作了最完美的诠释。

②哈瓦那俱乐部(Havana Club)

"哈瓦那俱乐部"朗姆酒产于古巴,以当地优质甘蔗榨取的最为纯净的糖蜜酿制。朗姆酒酿造大师是哈瓦那俱乐部朗姆酒背后的守护神,他们负责生产过程的每一个步骤。

甘蔗榨取的糖蜜首先被与蒸馏水或纯净水混合,加入酵母进行发酵。发酵后的甘蔗酒要进行蒸馏,得到浓缩的朗姆酒,这是蒸馏后生产的头酒,也是"哈瓦那俱乐部"真正的灵魂。经过一系列陈酿和勾兑,指导酿酒大师决定它已经达到了制作某一级朗姆酒的完美状态。在整个陈酿过程中,木桶的选择至关重要,因为木材赋予酒液颜色、香气和层次感。

(3)朗姆酒的饮用

朗姆酒的饮用也是很有趣的。在出产国和地区,人们大多喜欢喝不加以调混的纯朗姆酒,实际上这是品尝朗姆酒的最好方法。而在美国,一般用朗姆酒来调制鸡尾酒。朗姆酒的用途也很多，它可用作甜点的调味品，在加工烟草时加入朗姆酒可以增加风味。

世人对朗姆酒有许多评价，英国诗人威廉·詹姆斯说："朗姆酒是男人用来博取女人芳心的最大法宝，它可以使女人从冷若冰霜变得柔情似水。"朗姆酒受人喜爱的程度可见一斑。

6. 特其拉

特其拉酒是墨西哥的特产，也被称为墨西哥的灵魂。特其拉是墨西哥的一个小镇，此酒以产地得名。特其拉酒有时也被称为"龙舌兰"烈酒，是因为此酒的原料比较特别，是以龙舌兰(Agave)为原料。龙舌兰是一种仙人掌科的植物，通常要生长12年，成熟后割下送至酒厂，再被割成两半后泡洗24小时；然后榨出汁来，汁水加糖送入发酵柜中发酵两天至两天半；再经两次蒸馏，酒精纯度达104～106 proof，此时的酒香气突出，口味凶烈；最后放入橡木桶陈酿。陈酿时间不同，颜色和口味差异很大，白色酒未经陈酿，银白色酒贮存期最多3年，金黄色酒贮存至少2～4年，特级特其拉需要更长的贮存期，装瓶时酒度要稀释至80～100 proof。

(1)特其拉品牌

特其拉酒的名品有Jose Cuervo(豪帅快活)、Cuervo(凯尔弗)、EI Toro(斗牛士)、Sauza(索查)、O1e(欧雷)、Mariachi(玛丽亚西)、Tequila Aneio(特其拉安乔)。

(2)特其拉的饮用

特其拉酒的口味凶烈，香气独特。特其拉酒是墨西哥的国酒，墨西哥人对此酒情有独钟，饮酒方式也很独特，常用于净饮。每当饮酒时，墨西哥人总先在手背上倒些海盐来吸食，然后用腌渍过的辣椒干、柠檬干佐酒，恰似火上浇油，美不胜言。另外，特其拉酒也常常作为鸡尾酒的基酒。

7. 中国白酒

我国白酒到底起源于何时，至今众说纷纭，尚无定论。

一种说法是白酒起源于唐代。在唐代文献中，烧酒、蒸酒之名已经出现。李肇(公元806年)写的《国史补》中有"酒则有剑南之烧春"(唐代普遍称酒为"春")；雍陶(公元834年)诗云："自到成都烧酒热，不思身更入长安。"可见在唐代，烧酒之名已广泛流传了。田锡写的《曲本草》中说："暹罗酒以烧酒复烧二次，入珍贵异香，其坛每个以檀香十数斤的烟熏令如漆，然后入酒，蜡封，埋土中二三年绝去烧气，取出用之。"赵希鹄写的《调燮类编》中有："烧酒醉不醒者，急用绿豆粉荡皮切片将筋撬开口，用冷水送粉片下喉即安"；又有："生姜不可与烧酒同用。饮白酒生韭令人增病。饮白酒忌诸甜物。"

以上引文中所说的"烧酒"、"蒸酒"、"白酒"是否就是今天的白酒？单从名字相同还不可下定论。有人认为我国民间长期相沿，把蒸酒称为烧锅，烧锅生产的酒即为烧酒，但烧锅之名起源于何时尚待考证，故白酒起源于唐代的论据尚不够充分。

另一种说法是白酒于元代时(1271—1368年)由国外传入。元时中国与西亚和东南亚交通方便，往来频繁，在文化和技术等方面多有交流。有人认为"阿剌古酒"是蒸馏酒，从印度传入。还有人说："烧酒原名'阿剌奇'，元时征西欧，曾途经阿剌伯，将酒法传入中国。"章穆写的《饮食辨》中说："烧酒，又名火酒、'阿剌古'。'阿剌古'番语也。"现有人查明"阿剌古"、"阿剌吉"、"阿剌奇"皆为译音，是指用棕榈杆和稻米酿造的一种蒸馏酒，在元代曾一度传入中国。

还有一种说法是明代药物学家李明珍(1518—1593年)在《本草纲目》中所写："烧酒非古法也，自元时始创，其法用浓酒和糟入甑，蒸令气上，用器承取滴露，凡酸败之酒皆可蒸烧。近时惟以糯米或黍或秫或大麦蒸熟，和曲酿瓮中十日，以甑蒸好，其清如水，味极浓烈，盖酒露也。”这段话除说明我国烧酒创始于元代之外，还简略记述了烧酒的酿造蒸馏方法，故人以为可信。

(1)中国白酒的名称

白酒以前叫烧酒、高粱酒，中华人民共和国成立后统称白酒、白干酒。为什么叫白酒、白干和烧酒？白酒是指无色的酒，白干酒是指不掺水的酒，烧酒就是将经过发酵的原料入甑加热蒸馏出的酒。

白酒的名称繁多，有的以原料命名，如高粱酒、大曲酒、瓜干酒等，就是以高粱、大曲、瓜干为原料生产出来的酒；有的以产地命名，如茅台、汾酒、景芝白干、曲阜老窖、兰陵大曲等；有的以名人命名，如杜康酒、范公特曲等。还有的按发酵、贮存时间长短命名，如特曲、陈曲、头曲、二曲等。二锅头、回龙酒等则又是以生产工艺的特点命名的。二锅头是我国北方固态法白酒的一种古老的名称。现在有的酒仍叫二锅头，现在的二锅头是在蒸酒时，掐头去尾取中间馏出的酒。真正的二锅头是指制酒工艺中在使用冷却器之前，以古老的固体蒸馏酒方法，即以锅为冷却器，二次换水后而蒸出的酒。所谓回龙酒就是将蒸出的酒重烤一次，即为回龙酒。

(2)中国白酒的特点

中国白酒在饮料酒中独具风格。与世界其他国家的白酒相比，我国白酒具有特殊的不可比拟的风味。中国白酒的酒色洁白晶莹、无色透明、香气宜人。五种香型的酒各有特色，香气馥郁、纯净、溢香好，余香不尽；口味醇厚柔绵，甘润清冽，酒体谐调，回味悠久，那爽口尾净、变化无穷的优美味道，给人以极大的欢愉和幸福之感。

我国白酒的酒度早期很高，有 67 度、65 度、62 度之高。度数这样高的酒在世界其他国家是罕见的。近几年，国家提倡降低白酒度数，有不少较大的酒厂已试制成功了 39 度、38 度等低度白酒。低度白酒出现市场初期，大多数消费者不太习惯，饮用起来总觉着不够味、“劲头小”。到 20 世纪 90 年代初，城市消费者已经开始习惯低度白酒，宴席上也逐渐采用低度白酒。

(3)中国白酒的分类

我国白酒在酒类当中是一大类，而且品种繁多。在这一大类中，还能分若干类别，主要有以下几种：

①按使用的主要原料分类

• 粮食酒，如高粱酒、玉米酒、大米酒等。

• 瓜干酒，有的地区称红薯酒、白薯酒。

• 代用原料酒，如粉渣酒、豆腐渣酒、高粱糠酒、米糠酒等。

②按生产工艺分类

• 固态法白酒。原料经过固态发酵，又经过固态蒸馏而成，为我国传统蒸馏工艺。

• 液态法白酒。原料经过液态发酵，又经过液态蒸馏而成。其产品为酒精，酒精再经过加工如串香、调配后为普通白酒，俗称大路货白酒。

• 调香白酒。用固态法生产的白酒或用液态法生产的酒精经过加香调配而成。

• 串香白酒。用液态法生产的白酒或用液态法生产的酒精经过加香调配而成。

③按糖化发酵剂分类

• 大曲酒。用大曲(指曲的形状)酿制的白酒。

• 小曲酒。用小曲酿制的固态或半固态发酵白酒。因气候关系，它适宜于我国南方较热地带生产。用小曲制成的酒统称为米香型酒。

• 快曲酒。

④按香型分类

• 浓香型，亦称泸香型、五粮液香型和窖香型白酒。

• 清香型，亦称汾香型、醇香型白酒。

• 酱香型，亦称茅香型白酒。

• 米香型，亦称小曲米香型白酒。

• 其他香型，亦称兼香型、复香型、混合香型白酒。

⑤按产品档次分类

• 高档酒。高档酒是用料好、工艺精湛、发酵期和贮存期较长、售价较高的酒，如名酒类和特曲、特窖、陈曲、陈窖、陈酿、老窖、佳酿等。

• 中档酒。中档酒工艺较为复杂、发酵期和贮存期稍长、售价中等的白酒，如大曲酒、杂粮酒等。

• 低档酒。低档酒亦称大路货，如瓜干酒、串香酒、调香酒、粮香酒和广大农村销售的散装白酒等。

⑥按酒精含量分类

• 高度酒，主要指 60 度左右的酒。

• 降度酒，一般指降为 54 度左右的酒。

• 低度酒，一般指 39 度以下的酒。

(4)中国白酒的香型

我国白酒的香型，目前被国家承认的只有 5 种，即酱香型、浓香型、清香型、米香型和其他香型。

白酒的香型主要取决于生产工艺、发酵、设备等条件，也就是说用什么样的生产工艺、发酵方法和什么样的设备，就能生产什么香型的酒。例如，酱香型白酒是采用超高温制曲、凉堂、堆积、清蒸和回沙等酿造工艺，石窖或泥窖发酵而成的；浓香型白酒是采用混蒸续渣工艺，陈年老窖或人工老窖发酵而成的；清香型白酒是采用清蒸清渣工艺和地缸发酵而成的；米香型白酒是采取浓、酱两种香型酒的某些特殊工艺酿造而成的；其他香型的酒，如西凤、董酒、景芝白干等，其生产工艺也各有千秋。

①酱香型白酒

酱香型白酒，亦称茅香型白酒，以茅台酒为代表，属大曲酒类。其酱香突出、幽雅细致、酒体醇厚、回味悠长、清澈透明、色泽微黄。酱香型白酒以酱香为主，略有焦香(但不能出头)，香味细腻、复杂、柔顺；含泸(泸香)不突出，酯香柔雅协调，先酯后酱，酱香悠长，杯中香气经久不变，空杯留香经久不散(茅台酒有“扣杯隔日香”的说法)，味大于香，苦度适中，酒度低而不变。

②浓香型白酒

浓香型白酒，亦称泸香型、五粮液香型白酒，以泸州老窖特曲及五粮液为代表，属大曲酒类。其特点可用六个字、五个词来概括，六个字是香、醇、浓、绵、甜、净，五个词是窖香浓郁、清洌甘爽、绵柔醇厚、香味协调、尾净余长。浓香型白酒的种类丰富多彩，有的是柔香，有的是暴香，有的是落口团，有的是落口散，但其共性是：香要浓郁，入口要绵并要甜(有“无甜不成泸”的说法)，进口、落口后味都应甜(不应是糖的甜)，不应出现明显的苦味。浓香型酒的主体香气成分是窖香(乙酸乙酯),并有糟香或老白干香(乳酸乙酯),以及微量泥香(丁乙酸等)。窖香和糟香要协调,其中主体香(窖香)要明确,窖泥香要有,也是这种香型酒的独有风格,但不应出头,糟香味应大于香味,浓香要适宜、均衡,不能有暴香。

③清香型白酒

清香型白酒,亦称汾香型白酒,以山西汾酒为代表,属大曲酒类。它入口绵、落口甜、香气清正。清香型白酒的特点是:清香纯正、醇甜柔和、自然协调、余味爽净。清香纯正就是主体香乙酸乙酯与乳酸乙酯搭配协调,琥珀酸的含量也很高,无杂味,亦可称酯香匀称、干净利落。总之,清香型白酒可以概括为清、正、甜、净、长五个字,清字当头,净字到底。

④米香型白酒

米香型白酒,亦称蜜香型白酒,以桂林象山牌三花酒为代表,属小曲酒类。小曲香型酒一般以大米为原料,其典型风格是在"米酿香"及小曲香的基础上,突出以乳酸乙酯、乙酸乙酯与B—苯乙醇为主体组成的幽雅清柔的香气。一些消费者和评酒专家认为,用蜜香表达这种综合的香气较为确切。米香型白酒可以概括为:蜜香清雅、入口柔绵、落口甘洌、回味怡畅,即米酿香明显,入口醇和,饮后微甜,尾子干净,不应有苦涩或焦煳苦味(允许微苦)。

⑤其他香型酒

其他香型酒,亦称兼香型、复香型、混合香型白酒,属大曲酒类。此类酒大多是工艺独特,大小曲都用,发酵时间长。凡不属上述四类香型的白酒(兼有两种香型或两种以上香型的酒)均可归于此类。此酒的代表酒有国家名酒董酒、西凤酒,其口感特点是绵柔、醇甜、味正、余长,其特有风格突出。

(5)中国著名白酒简介

①茅台酒。茅台酒产于贵州省仁怀县茅台镇,是以高粱为主要原料的酱香型白酒,酒度为53度,被尊称为"国酒"。它具有色清透明、醇香馥郁、入口柔绵、清洌甘爽、回香持久的特点,人们把茅台酒独有的香味称为"茅香",是我国酱香型风格最完美的典型。

②汾酒。汾酒产于山西省汾阳县杏花村酒厂,是以高粱为主要原料的清香型白酒,酒度为60度。汾酒工艺精湛,源远流长,素以入口绵、落口甜、饮后余香、回味悠长的特色而著称,在国内外消费者中享有较高的知名度、美誉度和忠诚度。

③五粮液。五粮液产于四川省宜宾市,是以高粱、糯米、大米、玉米和小麦为原料的浓香型白酒,酒度为60度。五粮液在中国浓香型酒中独树一帜,香气悠久,滋味醇厚,进口甘美,入喉净爽,各味协调,恰到好处。宋代(公元960—1279年)宜宾姚氏家族私坊酿制,采用玉米、大米、高粱、糯米、荞子五种粮食酿造的"姚子雪曲"是五粮液最成熟的雏形。到了公元1368年,宜宾人陈氏继承了姚氏产业,总结出陈氏秘方,时称"杂粮酒",后由晚清举人杨惠泉改名为"五粮液"。

④剑南春。剑南春产于四川省绵竹市,是以高粱、大米、糯米、玉米和小麦为原料的浓香型白酒,酒度有60度和52度两种。剑南春酿酒用水全部取自城西的中国名泉——玉妃泉,该泉经国家地矿专家鉴定:低钠无杂质,富含硅、锶等有益人体的微量元素和矿物质,可与崂山矿泉水媲美,故一致定为"中国名泉"。冰晶沁谧的玉妃泉水,涅槃成香浓清灵的剑南春酒,陈香幽雅,饮之如珠玑在喉;甘润飘逸,闻之似香思刻骨,青出于蓝,自然历久弥新。早在唐代就产闻名遐迩的名酒——"剑南烧春",相传李白为喝此美酒曾在这里把皮袄卖掉买酒痛饮,留下"士解金貂"、"解貂赎酒"的佳话。

⑤古井贡酒。古井贡酒产于安徽省亳县，是以高粱为主要原料的浓香型白酒，酒度为60度。

⑥洋河大曲。洋河大曲产于江苏省泗洋县洋河镇，是以高粱为主要原料的浓香型白酒，酒度有60度、55度和38度等多种。洋河大曲酒液无色透明、酒香醇和，味净尤为突出，既有浓香型的风味，又有“色、香、鲜、浓、醇”的独特风格，以其“入口甜、落口绵、酒性软、尾爽净、回味香、辛辣”的特点闻名中外。

⑦董酒。董酒产于贵州省遵义市，是以高粱为主要原料的兼香型白酒，酒度为58度。董酒是串香工艺的鼻祖，其独特工艺简称为“两小、两大、双醅串香”，经过分级陈酿、科学勾兑，形成特殊的董香风格——酒液清澈透明，香气幽雅舒适，入口醇和浓郁，饮后甘爽味长。董酒在继承传统酿造工艺的同时，也保留了独有的工艺、配方。

⑧泸州老窖。泸州老窖特曲产于四川省泸州市，是以高粱为主要原料的浓香型白酒，酒度为60度。泸州老窖拥有我国建造最早(始建于公元1573年)、连续使用时间最长、保护最完整的1573国宝窖池群，1996年经国务院批准为行业首家全国重点文物保护单位，2006年被国家文物局列入“世界文化遗产预备名录”。

(三)配制酒

配制酒是一个比较复杂的酒品系列，它的诞生晚于其他单一酒品，但发展却很快。配制酒主要有两种配制工艺：一种是在酒和酒之间进行勾兑配制；另一种是以酒与非酒精物质(包括液体、固体和气体)进行勾兑配制。

配制酒的酒基可以是原汁酒，也可以是蒸馏酒，还可以两者兼而用之。生产配制酒较有名的国家都是欧洲主要产酒国，其中法国、意大利、匈牙利、希腊、瑞士、英国、德国、荷兰等国的产品最为有名。

中国各少数民族都有自己悠久的民族民间医药和医疗传统，其中，内容丰富的配制酒是其重要构成部分之一，他们利用酒能“行药势、驻容颜、缓衰老”的特性，以药入酒，以酒引药，治病延年。明初，药物学家兰茂吸取各少数民族丰富的医药文化营养，编撰了独具地方特色和民族特色的药物学专著《滇南本草》，它比李时珍的《本草纲目》还早一个半世纪。在这部鸿篇巨制中，兰茂深入探讨了以酒行药的有关原则和方法，记载了大量配制酒药的偏方、秘方。

少数民族的配制酒五花八门，丰富多样。有用药物根块配制者，如滇西天麻酒、哀牢山区的茯苓酒、滇南三七酒、滇西北虫草酒等；有用植物果实配制者，如木瓜酒、桑葚酒、梅子酒、橄榄酒等；有以植物杆茎入酒者，如人参酒、胶股兰酒、寄生草酒；有以动物的骨、胆、卵等入酒者，如虎骨酒、熊胆酒、鸡蛋酒、乌鸡白风酒；有以矿物入酒者，如麦饭石酒。

配制酒的品种繁多，风格各有不同，划分类别比较困难。较流行的分类法是将配制酒分为三大类：开胃酒(Aperitifs)、佐餐酒(Dessert Wine)、利口酒(Liqueur)。

1. 开胃酒(Aperitifs)

开胃酒(Aperitifs)的名称来源于在餐前饮用能增加食欲之意。能开胃的酒有许许多多，威士忌、金酒、香槟酒，某些葡萄原汁酒和果酒等，都是比较好的开胃酒精饮料。开胃酒的概念是比较含糊的，随着饮酒习惯的演变，开胃酒逐渐被专指为以葡萄酒和某些蒸馏酒为主要原料的配制酒，如味美思酒(Vermouth)、比特酒(Bitter)、茴香酒(Anise)等。这就是开胃酒的两种定义，一种泛指在餐前饮用能增加食欲的所有酒精饮料；另一种专指以葡萄酒基或蒸馏酒基为主的有开胃功能的酒精饮料。

(1)味美思酒

味美思酒(Vermouth)的一种主要成分是葡萄酒，约占80%左右，以干白葡萄酒为酒基；另一种主要成分是各种各样的配制香料。生产者对自己产品的配方是很保密的，但大体上有这样一些原料，比如蒿属植物、金鸡纳树皮、木炭精、鸢尾草、小茴香、豆蔻、龙胆、牛至、安息香、可可豆、生姜、芦荟、桂皮、白芷、春白菊、丁香、苦橘、风轮菜、鼠尾草、接骨木、百里香、香草、陈橘皮、玫瑰花、杜松子、苦艾、海索草等。

Vermouth 可能是从古德语"Wermut"或者是由盎格鲁—撒克逊语"Wermod"演变过来的，它们都指一种叫苦艾的植物。

不同的味美思酒有不同的配方，白味美思酒还需加入冰糖和蒸馏酒，搅匀、冷澄、过滤、装瓶。红味美思还需加入焦糖调色。白味美思含糖在10%～15%左右，色泽金黄。红味美思含糖15%，琥珀黄色。如果做干味美思，含糖量不超过4%，酒度在18度左右。目前，人们不大喜欢喝甜型酒。

意大利味美思酒名牌有仙山露(Cinzano)、马提尼(Martini)、干霞(Gancia)、卡帕诺(Carpano)、利开多纳(Riccadonna)。

法国味美思酒最著名的有香百丽(Chambery)、杜瓦尔(Duval)、诺瓦利・普拉(Noilly Part)。

(2)比特酒

比特酒(Bitter)从古药酒演变而来，有滋补的效用。比特酒种类繁多，有清香型、浓香型，有淡色、深色，有酒也有精(不含酒精成分)，但不管是哪种比特酒，苦味和药味是它们的共同特征。用于配制比特酒的调料主要是带苦味的草卉和植物的茎根与表皮，如阿尔卑斯草、龙胆皮、苦橘皮、柠檬皮等。

较有名气的比特酒主要产自意大利、法国、特立尼达、荷兰、英国、德国、美国、匈牙利等国。下面介绍几种著名的比特酒：

①康巴丽

康巴丽(Campari)产于意大利米兰，是由橘皮和其他草药配制而成的，酒液呈棕红色，药味浓郁，口感微苦。苦味来自于奎宁，酒度26度。

②菲奈特・布郎卡

菲奈特・布郎卡(Fernet Branca)产于意大利米兰，是意大利最有名的比特酒。它是由多种草木、根茎植物为原料调配而成的，味很苦，号称苦酒之王，但药用功效显著，尤其适用于醒酒和健胃，酒度40度。

③苏滋

苏滋(Suze)产于法国，它的配制原料是龙胆草的根块。其酒液呈橘黄色，口味微苦、甘润，糖分20%，酒度16度。

④安高斯杜拉

安高斯杜拉(Angostura)产于特立尼达，以朗姆酒为酒基，以龙胆草为主要调制原料。其酒液呈褐红色，药香悦人，口味微苦但十分爽适，在拉美国家深为人们所喜爱，酒度44度。

(3)茴香酒

茴香酒(Anisés)实际上是用茴香油和蒸馏酒配制而成的酒。茴香油中含有大量的苦艾素。45度酒精可以溶解茴香油。茴香油一般从八角茴香和青茴香中提炼取得，八角茴香油多用于开胃酒的制作，青茴香油多用于利口酒的制作。

茴香酒中以法国产品较为有名，酒液视品种而呈不同色泽，一般都有较好的光泽。茴香味浓厚，香郁迷人，口感不同寻常，味重而又刺激，酒度在25度左右。有名的法国茴香酒有里卡尔(Ricard)、巴斯的士(Pastis)、彼诺(Pernod)、白羊倌(Perger Blanc)等。

2. 佐餐酒(Dessert Wines)

甜点(Dessert)是西餐中的最后一道菜，一般是甜点和水果，与之佐助的酒也是口味较甜的，常常以葡萄酒基为主体进行配制，但与利口酒有明显区别，佐餐酒虽然也是甜酒，但它的主要酒基一般是蒸馏酒。佐餐酒的主要生产国和地区有葡萄牙、西班牙、意大利、希腊、匈牙利、法国南方等。下面介绍几种著名的佐餐酒：

(1)波尔图酒(Porto Wine)

波尔图酒产于葡萄牙杜罗河(Douro)一带，在波尔图港进行储存和销售。波尔图酒是用葡萄原汁酒与葡萄蒸馏酒勾兑而成的，有白波尔图酒和红波尔图酒两类。白波尔图酒有金黄色、草黄色、淡黄色之分，是葡萄牙人和法国人喜爱的开胃酒。红波尔图酒作为甜食酒在世界上享有很高的声誉，有黑红、深红、宝石红、茶红四种，统称为色酒(Tinto)。红波尔图酒的香气浓郁芬芳，果香和酒香协调，口味醇厚、鲜美、圆润，有甜、半甜和干三个类型，最受欢迎的是1945年、1963年和1970年的产品。

波尔图酒在市场上分三个品种销售：青大(Quintas)、佳酿(Vintages)、陈酿(L. B. V.)。著名的产品有库克本(Cookburn)、克罗夫特(Croft)、道斯(Dow's)、方瑟卡(Fonseca)、西尔法(Silva)、桑德曼(Sandeman)、沃尔(Warres)、泰勒(Taylors)。

(2)雪利酒(Sherry)

雪利酒产于西班牙的加勒斯(Jerez)，英国人称其为Sherry，法国人则称其为Xérés。因为英国人嗜好雪利酒胜过西班牙人，人们遂以英名相称此酒。雪利酒以加勒斯所产的葡萄酒为酒基，勾兑当地的葡萄蒸馏酒，逐年换桶陈酿，陈酿15～20年时质量最好，风格也达极点。雪利酒分为菲奴(Fino)和奥罗路索(Oloroso)两大类，其他品种均为这两类的变型。

①菲奴颜色淡黄，是雪利酒中色泽最淡的一种，它香气精细优雅，给人以清新之感，就像新苹果刚摘下来时的香气一样，十分悦人；口味甘洌、清新、爽快，酒度在15.5～17度。菲奴不宜久藏，最多贮存两年，当地人往往只买半瓶，喝完再购。曼赞尼拉(Manzanilla)是一种陈酿的菲奴，此酒微红色，透亮晶莹，香气与菲奴接近，但更醇美，常有杏仁苦味的回香，令人舒畅。西班牙人最喜爱此酒。巴尔玛(Palma)雪利酒是菲奴的出口学名，分1、2、3、4档，档次越高，酒越陈。阿蒙提拉多(Amontillaclo)是菲奴的一个品种，它的色泽十分美丽沉稳，香气带有核桃仁味，口味甘洌而清淡，酒度在15.2～22.8度。

②奥罗路索与菲奴有所不同，是强香型酒。其色泽金黄棕红、透明晶亮，香气浓郁扑鼻，具有典型的核桃仁香味，越陈越香；口味浓烈、柔绵，酒体丰满；酒度在18～20度，也有24度、25度的，但为数不多。巴罗高大多(Palo Cortado)是雪利酒中的珍品，市场上供应很少，风格很像菲奴，人称"具有菲奴酒香的奥罗路索"，大多陈酿20年再上市。阿莫路索(Amoroso)又叫"爱情酒"，是用奥罗路索与甜酒勾兑而成的雪利酒，呈深红色，有的近乎棕红色，加有添加剂；香气与奥罗路索接近，但不那么突出，甘甜味正。英国人爱好此酒。

雪利酒的名牌产品有Croft、de Terry、Domecq、Duke Wellington、Duff Gordon、Harvers、Mérito、Misa、Montilla等。

(3)玛德拉酒

玛德拉岛地处大西洋,长期以来为西班牙所占领。玛德拉酒(Madeira)产于此岛上,是用当地生产的葡萄酒和葡萄烧酒为基本原料勾兑而成的,十分受人喜爱。玛德拉酒是上好的开胃酒,也是世界上屈指可数的优质甜食酒。

玛德拉酒分为舍西亚尔(Sercial)、弗德罗(Verdelho)、布阿尔(Bual)、玛尔姆赛(Malmser)四大类。

(4)马拉加酒

马拉加酒(Malaga)产于西班牙安达卢西亚的马拉加地区,酿造方法颇似波尔图酒。酒精含量在14～23度,此酒在佐餐酒和开胃酒中比不上其他同类产品,但它具有显著的强补作用,较为适合病人和疗养者饮用。较有名的马拉加酒有 Flores Hermanos、Felix、Hijos、José、Larios、Louis、Mata、Pérez Texeira 等。

(5)马尔萨拉酒(Marsala)

马尔萨拉酒产于意大利西西里岛西北部的马尔萨拉一带,是由葡萄酒和葡萄蒸馏酒勾兑而成的,它与波尔图酒、雪利酒齐名。酒呈金黄带棕色,香气芬芳,口味舒爽、甘润。根据陈酿的时间不同,马尔萨拉酒风格也有所区别。陈酿4个月的酒称为精酿(Fine),陈酿两年的酒称为优酿(Superiore),陈酿5年的酒瓶特精酿(Verfine)。

较为有名的马尔萨拉酒有厨师长(Gran Chef)、佛罗里欧(Florio)、拉罗(Rallo)、佩勒克利诺(Peliegrino)等。

3.利口酒(Liqueurs)

利口酒(Liqueur),美国称 Cordial(使人兴奋的),法国称 Digestifs(餐前或餐后的助消化饮料),我国沿海由广东方言译为利口酒。Liqueur 一词是拉丁语,意思是溶解,使你柔和。

生于希腊科斯岛,人称"医学之父"的 Hppkrates(公元前460—370年)在蒸馏酒中溶入各种药草,使之变成具有药用价值的酒,这就是利口酒的由来。利口酒传入欧洲后,修道士对利口酒的发展有巨大的推动作用,其中以西同教堂出品的最为有名。航海时代,水果利口酒受到欧洲上流社会的青睐,利口酒因此有了"液体宝石"的美誉。

(1)利口酒制作方法

制作利口酒的方法主要有蒸馏法、浸泡法、香精法、渗透过滤法等四种。

①蒸馏法

采用蒸馏法制造利口酒的方式可以分为两类:一类是将提香原料直接浸泡在蒸馏酒中,然后一起蒸馏提香;另一类是取出提香原料,只用蒸馏浸泡过的汁液。但是不管哪种方法,由于蒸馏后的酒液是无色透明的,为了使其达到成品酒的标准色泽,蒸馏后都需要添加甜味及食用色素,以达到色泽诱人的目的。蒸馏法主要用于香草类、柑橘类的干皮等原料的提香上。

②浸泡法

由于一些新鲜的香料经过加热蒸馏后会失去其香味,所以在一些利口酒的酿制方法上会选用浸泡法来进行。其操作方法是将增味提香的配料浸泡在酒基中,使酒液从配料中充分吸收其味道和色泽,再将配料滤出,最后加入糖浆和食用植物色素,用以改善利口酒的口味和色泽。这种方法是目前利口酒酿制中被广泛使用的制造方法。

③香精法

这是一种快速制造利口酒的方法,将酒基、食用香精、蜂蜜或糖浆混合在一起即可制成。

不过,使用此种方法制造的利口酒相对来讲,酒的质量较为低下,因此,法国禁止此类利口酒的生产。

④渗透过滤法

该种制造方法一般适用于草药及香料利口酒的生产。这种生产方法类似于煮咖啡,生产设备也同咖啡蒸煮器皿相似。一般是将提香原料放在上面的容器中,酒基放在下面的容器中,加热后,酒液往上升,带有香料草药的气味下降,如此循环反复,直至酒液摄取到足够的香味为止。

由于制作方法与原料特别,利口酒含糖较高、相对密度大、色彩丰富、气味芬芳独特,可以用于增加鸡尾酒的色、香、味。西餐烹饪中也使用利口酒用于制作冰淇淋、布丁及甜点;药用上也有舒筋活血、助消化的功用,一般作餐后酒。

(2)利口酒的分类

按制作的原料,可以把利口酒分为果类利口酒、草类利口酒和种料利口酒三种。

①果类利口酒(Liqueurs de fruits)

果类利口酒一般采用浸泡法酿制,其突出的风格是口味清爽新鲜。

• 库拉索酒(Curacao)。库拉索酒产于荷属库拉索岛,该岛位于离委内瑞拉 60 千米的加勒比海中。库拉索酒是由橘子皮调香浸制成的利口酒,有无色透明的,也有呈粉红色、绿色、蓝色的,橘香悦人,香馨优雅,味微苦但十分爽适。酒精度在 25～35 度,比较适用餐后酒或配制鸡尾酒。

• 大马尼尔酒(Grand Manier)。大马尼尔酒产于法国干邑地区,是用苦橘皮浸制成"橘精"调香配制而成的果类利口酒。大马尼尔酒是库拉索酒的仿制品。

大马尼尔酒有红标和黄标两种,红标是以哥涅克为酒基,黄标则是以其他蒸馏酒为酒基。它们的橘香都很突出,口味凶烈、甘甜、醇浓,酒度在 40 度左右,属特精制利口酒。

投放市场的大马尼尔酒还有另外两个产品:一名"百年酿(Cuvée du Centenaire)",另一名为"雪利马尼尔(Cherry Marnier)"。

• 库舍涅橘酒(Cusenier Orange)。库舍涅橘酒产于法国巴黎,配制原料是苦橘和甜橘皮。库舍涅橘酒也是库拉索的仿制品,风格与库拉索相仿,但略为逊色,酒度 40 度。

• 冠特浩酒(Cointreau)。冠特浩酒在世界上很有名气,产量较大,主要由法国和美国的冠特浩酒厂生产,是用苦橘皮和甜橘皮浸制而成的,也是库拉索酒的仿制品,酒度 40 度,较适于用作餐后酒和兑水饮料。

同属库拉索一类的橘酒还有:库拉索三干酒(Curacao Triple sec)、库拉索橘酒(Curacao Orange)、蜜橘利口酒(Liqueur de mandarine)、金水酒(Eau D'or)、橘烧酒(Flamorange)、梅道克真酒(Cordial Médoc)等。

• 马拉希奴酒(Maraschino)。马拉希奴酒又名"马拉斯钦(Marasquin)",原产于南斯拉夫境内的萨拉(Zara)一带,第二次世界大战后转向意大利威尼斯地区,主要产于帕多瓦(Padoue)附近。

马拉希奴酒以樱桃为配料,樱桃带核先制成樱桃酒,再兑入蒸馏酒配制成利口酒。马拉希奴酒有两个牌号:一个叫 Luxado,另一个叫 Drioli。它们都具有浓郁的果香,口味醇美甘甜,酒度在 25 度上下,属精制利口酒,适于用作餐后酒或配制鸡尾酒。

• 利口杏酒(Liqueurs d'abricots)。杏子是利口酒极好的配料,可以直接浸制,也可以先制成杏酒,再兑白兰地,酒度在 20～30 度。世界较有名的利口杏酒有产于匈牙利的凯克斯克麦特(Kecskmet)和产于法国的加尼尔杏酒(Abricotine Garnier)。

• 卡悉酒(Cassis)。卡悉酒又名黑加仑子酒,产于法国第荣(Dijon)一带,酒呈深红色,乳状,果香优雅,口味甘润,维生素C的含量十分丰富,是利口酒中最富营养的饮品。其酒度在20～30度,适于餐后、兑水、配鸡尾酒饮用等。

卡悉酒的名牌产品有第荣卡悉(Cassis de Dijon)、博恩卡悉(Cassis de Beaune)、悉斯卡(Sisca)和超级卡悉(Supercassis)等。

可用来配制利口酒的果料有很多,比如菠萝、香蕉、草莓、覆盆子、橘子、柠檬、李子、柚子、桑葚、椰子甜瓜等。

②草类利口酒(Liqueurs de Plantes)

草类利口酒的配制原料是草本植物,制酒工艺较为复杂,有点秘传色彩,让人感到神秘难测。生产者对其配方严加保密,人们只能了解其中的大概情况。

• 修道院酒(Chartreuse)。修道院酒是法国修士发明的一种驰名世界的配制酒,目前仍然由法国依赛(Isère)地区的卡尔特教团大修道院所生产。修道院酒的秘方至今仍掌握在教士们的手中,从不披露。经分析表明:该酒用葡萄蒸馏酒为酒基,浸制130余种阿尔卑斯山区的草药,其中有虎耳草、风铃草、龙胆草等,再配兑以蜂蜜等原料,成酒需陈酿3年以上,有的长达12年之久。

修道院酒中最有名的叫修道院绿酒(Chartreuse Verte),酒度在55度左右;其次是修道院黄酒(Chartreuse Jaune),酒度在40度左右;陈酿绿酒(V. E. P. Verte),酒度在54度左右;陈酿黄酒(V. E. P. Jaune),酒度在42度左右;驰酒(Elixir),酒度在71度左右。修道院酒是草类利口酒中一个主要品种,属特精制利口酒。

• 修士酒(Bénédictine)。修士酒有的译为本尼狄克丁,也有的称之为泵酒。此酒产于法国诺曼底地区的费康(Fécamp),是很有名的一种利口酒。此酒为祖传秘方,参照教士的炼金术配制而成,人们虽然对它有所了解,但仍然没有完全弄清楚它的细节。

修士酒用葡萄蒸馏酒做酒基,用27种草药调香,其中有海索草、蜜蜂花、当归、丁香、肉豆蔻、茶叶、没药、桂皮等,再掺兑糖液和蜂蜜,经过提炼、冲沏、浸泡、掐头去尾、勾兑等工序最后制成。

修士酒在世界市场上获得了很大成功。生产者又用修士酒和白兰地兑和,制出另一新产品,命名为"B and B(Bénédictine and Brandy)",酒度为43度,属特精制利口酒。修士酒瓶上标有"D. O. M."字样,是一句宗教格言"Deo Optimo Maximo"的缩写,意为"奉给伟大圣明的上帝"。

• 衣扎拉酒(Izarra)。衣扎拉酒产于法国巴斯克(Basque)地区,在巴斯克族语中,Izarra是"星星"的意思,所以衣扎拉酒又名"巴斯克星酒"。该酒调香以草类为主,也有果类和种类,先用草料与蒸馏酒做成香精,再将其兑入浸有果料和种料的阿尔玛涅克酒液,加入糖和蜂蜜,最后用藏红花染色而成。衣扎拉酒有绿酒和黄酒之分,绿酒含有48种香料,酒度是48度;黄酒含有32种香料,酒度是40度。它们均属于特精制利口酒。

• 马鞭草酒(Verveine)。马鞭草具有清香味和药用功能,用马鞭草浸制的利口酒是一种高级药酒。马鞭草酒主要有三个品种:马鞭草绿白兰地酒(Verveine Verte brandy),酒度为55度;马鞭草绿酒(Verveine Verte),酒度为50度;马鞭草黄酒(Verveine jaune),酒度为40度,均属特精制利口酒。最出名的马鞭草利口酒是弗莱马鞭草酒(Verveine de Velay)。

• 涓必酒(Drambuie)。涓必酒产于英国，是用草药、威士忌和蜂蜜配制成的利口酒。在美国也十分流行和闻名。

• 利口乳酒(Crémes)。利口乳酒是一种比较浓稠的利口酒，以草料调配的乳酒比较多，如薄荷乳酒(Créme de Menthe)、玫瑰乳酒(Créme de Rose)、香草乳酒(Créme de Vanille)、紫罗兰乳酒 (Créme de Violette)、桂皮乳酒(Créme de Cannelle)等。

③种料利口酒(Liqueurs de graines)

种料利口酒是用植物的种子为基本原料配制的利口酒。用以配料的植物种子有许多种，制酒者往往选用那些香味较强、含油较高的坚果种子进行配制加工。

• 茴香利口酒(Anisette)。茴香利口酒起源荷兰的阿姆斯特丹(Amsterdam)，为地中海诸国最流行的利口酒之一。法国、意大利、西班牙、希腊和土耳其等国均生产茴香利口酒。其中，以法国和意大利的最为有名。

先用茴香和酒精制成香精，再兑以蒸馏酒基和糖液，搅拌、冷处理、澄清而成，酒度在30度左右。茴香利口酒中最出名的是产于法国的玛丽·布利查(Marie Brizard)，这是18世纪一位法国女郎的名字，该酒又被称作波尔多茴香酒(Anisettes de Bordeaux)。

• 顾美露(Kümmel)。顾美露的原料是一种野生的茴香植物，名叫"加维茴香(Carvi)"，主要生长在北欧。顾美露产于荷兰和德国，较为出名的产品有阿拉西(Allash，荷兰)、波尔斯(Bols，荷兰)、弗金克(Fockink，荷兰)、沃尔夫斯密德(Wolfschmidt，德国)、曼珍道夫(Mentzendorf，德国)。

• 荷兰蛋黄酒(Advocaat)。荷兰蛋黄酒产于荷兰和德国，主要配料用鸡蛋黄和杜松子，香气独特、口味鲜美，酒度在15～20度左右。

• 咖啡乳酒(Créme de Café)。咖啡乳酒主要产于咖啡生产国，它的原料是咖啡豆，先烘焙粉碎咖啡豆，再进行浸制和蒸馏，然后将不同的酒液进行勾兑、加糖处理、澄清过滤而成，酒度在26度左右。咖啡乳酒属普通利口酒，较出名的有高拉(Kahlúa，墨西哥)、蒂亚·玛丽亚(Tia Maria)、爱尔兰绒(Irish Velvet)、Bardinet(巴笛奶，法国)、Parizot(巴黎佐，法国)。

• 可可乳酒(Créme de Cacao)。可可乳酒主要产于西印度群岛，它的原料是可可豆种子。制酒时，将可可豆烘焙粉碎后浸入酒精中，取一部分直接蒸馏提取酒液，然后将这两部分酒液勾兑，再加入香草和糖浆制成。较为出名的可可乳酒有朱傲可可(Cacao Chouao)、亚非可可(Afrikoko)、可可利口(Liqueurde Cacao)。

• 杏仁利口酒(Liqueurs d'amandes)。杏仁利口酒以杏仁和其他果仁为配料，酒液绛红发黑、果香突出、口味甘美。较为有名的杏仁利口酒有阿玛雷托(Amaretto，意大利)、仁乳酒(Créme denoyaux，法国)、阿尔蒙利口 (Almond Liquers，英国)。

(3)利口酒品牌

①波尔斯

波尔斯公司是荷兰古老企业之一。早在1575年，卢卡斯·波尔斯(Lucas Bols)先生就开始在阿姆斯特丹酿造烈性甜酒。今天，由波尔斯公司酿造的烈性甜酒和金酒的销路越来越广，已出口到世界各地110个国家。目前波尔斯公司拥有蜜瓜、柑橘、香蕉、薄荷等31种基本口味。

②迪凯堡

迪凯堡是一款为荷兰"迪凯堡"皇家酒厂生产的利口酒。该厂成立于1695年，迄今已有超过 300 年的酿造优质酒的历史，并于 1995 年由尊贵的荷兰女王陛下授予“皇家酒厂”的荣誉称号，是世界知名品牌。其产品远销世界 100 多个国家，年销量超过 5 000 万瓶。

③蒂她

诞生于法国的蒂她，1992 年被介绍到日本，凭借其独有的荔枝香味、神秘的东方神韵和女性魅力，迅速在当地利口酒市场引发了一场蒂她风暴。其低酒精度尤其适合调制各种年轻时尚女性喜爱的鸡尾酒。

(4)利口酒的饮用

①用杯

饮用利口酒通常使用利口酒杯或雪利酒杯。

②饮用

利口酒用作餐后酒以助消化，每杯约为 25 毫升。不同种类利口酒的具体饮用方法为：

• 水果类利口酒的饮用温度由客人自定，但基本原则是：果味越浓的甜味越大，饮用温度最低。饮用水果类利口酒的杯具需冰镇，可以溜杯也可加冰或冰镇。

• 草本类之中：修道院酒(Chartreuse)用冰块降温，或酒瓶置于冰桶；Benedictine 则用溜杯，酒瓶在室温即可。

• 种子类：茴香利口酒常温、冰镇饮用均可；可可酒及咖啡酒需冰镇服务。

选用高纯度的利口酒，可以一点点细细品尝，也可以加入苏打或矿泉水，但酒要先加入，可加适量柠檬水，也可加在冰淇淋、果冻中，或做蛋糕时用来替代蜂蜜。

(5)利口酒的欣赏

①鸡蛋利口酒(见图 2-17 所示)

图 2-17　鸡蛋利口酒

资料来源：http://www.bevmo.com/115images/1170.jpg。

详细说明：鸡蛋利口酒集结蛋黄、酒香、糖、白兰地及香草精华，是香味浓郁的乳状甜酒，入口倍觉柔滑香浓，加冰、调配鸡尾酒或加水饮用均可。此款是充满荷兰风味的利口酒，更是上佳雪糕甜品的材料。

②樱桃白兰地利口酒(见图 2-18 所示)

图 2-18　樱桃白兰地利口酒

资料来源:http://www.comefirst.com/images/upfile/20045101618744618.jpg;http://www.bevmo.com/115images/23125.jpg。

详细说明:樱桃白兰地利口酒糅合了樱桃及霖酒,甜蜜的樱桃味道再加上少许霖酒的点缀,构成了一个富有异国风味的利口酒。此款酒净饮、加冰或用来调配鸡尾酒都同样理想。

③百利甜利口酒(见图 2-19 所示)

图 2-19　百利甜利口酒

资料来源:http://www.bevmo.com/115images/1242.jpg。

详细说明:百利甜利口酒是极具创意的甜酒。自 1974 年在爱尔兰生产以来,即在短短几十年间风靡全球,年销量达 400 多万箱,成为单一品味甜酒之冠。在世界洋酒中名列第 13 位,畅销 167 个国家。百利甜利口酒可以加入冰块或碎冰饮用,也可以混入冰淇淋饮用。无论在何时何地,以百利甜利口酒做休闲饮品,都能给饮者带来独特的感受。

④薄荷利口酒(见图 2-20 所示)

图 2-20　薄荷利口酒

资料来源：HYPERLINK"http://www.comefirst.com/images/upfile/200412111142064714.jpg"\t"_blank"HYPERLINK"http://www.bevmo.com/115images/1195.jpg"\t"_blank"http://www.bevmo.com/115images/1160.jpg。

详细说明：薄荷利口酒的薄荷香味非常浓郁、自然，以白兰地为基酒，调配来自英格兰、美国和摩洛哥等地的薄荷树油，经连续式蒸馏法制造出品质精纯的产品。依调酒的不同需要，有绿色及透明两种薄荷利口酒供选择，且富含多种助消化的成分。

⑤可可利口酒(见图 2-21 所示)

图 2-21　可可利口酒

资料来源：HYPERLINK"http://www.bevmo.com/115images/1157.jpg"\t"_blank"http://www.bevmo.com/115images/1158.jpg。

详细说明：可可利口酒以最优等的烘焙可可豆为原料，先于蒸馏过程中等可可豆破裂，再进行过滤，同时添加多种药草制成黑可可利口酒，可可香味香浓醇厚。白可可利口酒的制造过程和黑可可利口酒相同，唯一不同点在于可可豆以完全蒸馏取代过滤程序，白可可利口酒香味较淡雅，色泽透明。

⑥君度香橙利口酒(见图 2-22 所示)

图 2-22　君度香橙利口酒

资料来源:http://www.bevmo.com/115images/7105.jpg。

详细说明:君度香橙利口酒独具浓郁的香味,它包含了果甜且橘皮香中交杂橘花、白芷根的香味,加上油加利木香及淡淡薄荷凉,综合成丝丝令人难忘的余香。早期的君度较偏向用作基酒,20 世纪 80 年代以后,君度中加入冰块及柠檬片的单纯调法,已成为巴黎、米兰、纽约、东京等大都会最风尚的饮法,微甜微酸、清凉剔透的原始风味,赢得了世人的喜爱。

⑦咖啡利口酒(见图 2-23 所示)

图 2-23　咖啡利口酒

资料来源:http://www.bevmo.com/115images/1198.jpg;http://www.bevmo.com/115images/25009.jpg;http://www.bevmo.com/115images/7181.jpg。

详细说明:咖啡利口酒的原料是灌木咖啡的红肉果实中生长的咖啡豆。如今,咖啡主要在南美洲种植,但是其原产地是非洲,就是现在的埃塞俄比亚。其中,第一款在世界驰名的甘露咖啡利口酒就是在墨西哥城甘露公司的保护和资助下,按传统的秘方由精选的上等咖啡加药草和香草制得的。甘露咖啡利口酒产自墨西哥，已问世 50 多年之久，是现在美国最风行的利口酒品牌，拥有超过 900 万的支持者，其受欢迎范围遍及加拿大、澳洲、新西兰、墨西哥、日本和欧洲等地，现在还继续扩展至东南亚和南美洲。甘露咖啡利口酒可调制出超过 200 多种的鸡尾酒和特色饮品。甘露咖啡利口酒配以牛奶，其口感令人顺畅而满足，不愧为其中的佼佼者，还有配以可乐、苏联红牌伏特加、咖啡等，都使人悠然神往。

⑧杏仁利口酒（见图 2-24 所示）

图 2-24　杏仁利口酒

资料来源：http://www. bevmo. com/115images/1240. jpg；http://www. bevmo. com/115images/6825. jpg；http://www. bevmo. com/115images/26052. jpg。

详细说明：杏仁利口酒由杏桃白兰地香甜酒为基底制成。成熟杏桃的核果为主原料让人以为是杏仁核果产品的自然气息。

4. 中国配制酒

(1)竹叶青

竹叶青的产地在中国山西汾阳。竹叶青是汾酒的再制品，它与汾酒一样具有古老的历史。南梁简文肖纲（公元 503—551 年）有诗云："兰羞荐俎，竹酒澄芳。"该诗说的是竹叶青酒的香型和品质。北朝文学家庾信（公元 513—581 年）在《春日离合二首》诗中曰："田家足闲暇，士友暂流连。三春竹叶酒，一曲鹍鸡弦。"这优美的诗句，描写了田家农舍的安适清闲，记载了三春陈酿的竹叶青酒。由此可见，杏花村竹叶青酒早在 1 400 多年前就已成珍品。

竹叶青酒色泽金黄兼翠绿，酒液清澈透明、芳香浓郁，酒香、药香协调均匀，入口香甜，柔和爽口，口味绵长；酒精度为 45 度，糖分为 10%。经专家鉴定，它具有养血、舒气、和胃、益脾、除烦消食的功能。有的医学家认为，竹叶青酒对于心脏病、高血压、冠心病和关节炎等疾病也有明显的医疗效果。如果少饮、久饮，有益身体健康。

最古老的竹叶青酒只是单纯加入竹叶浸泡，求其色青味美，故名"竹叶青"。而今的竹叶青酒是以汾酒为底酒，配以广木香、公丁香、竹叶、陈皮、砂仁、当归、零陵香、紫檀香等十多种名贵药材和冰糖、白砂糖浸泡配制而成。杏花村汾酒厂专门设有竹叶青酒配制车间。竹叶青酒的配制方法是：用小坛将药材放入 70 度汾酒里浸泡数天，取出药液放进陶瓷缸里的 65 度汾酒里；再将糖液加热取出液面杂质，过滤冷却，倒入已加药液的酒缸中搅拌均匀，封闭缸口，澄清数日，取清液过滤入库；再经陈贮勾兑、品评、检验、装瓶、包装等 128 道工序而成为成品出厂。

(2)刺梨酒

贵州布依族酿制的刺梨酒驰名中外。刺梨酒的酿制方法是:每年秋天收了粳稻以后,就采集刺梨果,将其晒干。接着就用糯米酿酒,酒盛于大坛中,再将刺梨子放进坛里去浸泡,一个月以后(泡的时间愈长愈好)即成。酒呈黄色,喷香可口,约12度左右,不易醉人。

(3)杨林肥酒

杨林肥酒是享誉海内外的传统配制酒,以产地而得名。杨林镇地处云南省中部的嵩明县杨林湖畔,早在明初已商贾云集,工商业繁荣,酿酒业尤为发达。每年秋收结束,杨林湖畔,玉龙河边,百家立灶,千村酿酒,呈现出一派“农歌早稻香”、“太平村酒贱”的兴盛景象。传统的酿酒技艺和丰富的药物学知识是杨林肥酒成功的坚实基础。清末,杨林酿酒业主陈鼎设“裕宝号”酿酒作坊,借鉴兰茂《滇南本草》中酿造水酒的十八方工艺,采用自酿的纯粮小曲酒为酒基,浸泡党参、拐枣、陈皮、圆肉、大枣等10余种中药材,同时加入适量的蜂蜜、蔗糖、豌豆尖、青竹叶,精心配制。通过长期的摸索实践,于清光绪六年(公元1880年)向市场上推出了一种色泽碧绿如玉、清亮透明、药香和酒香浑然一体的配制酒。这种酒醇香绵甜、回味隽永,具有健胃滋脾、调和腑脏、活血健身的功效,创始者陈鼎将其命名为“杨林肥酒”。

(4)鸡蛋酒

节庆期间和嘉宾临门时,彝族配制鸡蛋酒就是一种具有浓郁地方特色和民族特色的保健型配制酒。彝族鸡蛋酒的配制过程为:

①备料

鸡蛋酒的原料为40～45度纯粮烧酒、生姜、草果、胡椒、鸡蛋、糖等。各种原料的使用比例是:若制作10千克鸡蛋酒,配生姜100克、胡椒15克、糖3千克、鸡蛋5只。

②煮酒

先把草果放在火塘中烤焦、捣碎,生姜洗净、去皮、捣扁。备好的草果、生姜和白酒同时下锅,温火将酒煮沸后,加糖,等糖完全融化后,撤去锅底的火,但保持余热,捞出生姜及草果碎块,将鸡蛋调匀后呈细线状缓缓注入酒锅内,同时快速搅动酒液,最后撒入胡椒粉即可饮用。

地道的彝家鸡蛋酒现配现饮,上碗时余温不去,香郁扑鼻,鸡蛋如丝如缕,蛋白洁白如丝,蛋黄金灿悦目,入口余温不绝,饮后清心提神,祛风除湿。节庆佳期,一碗热腾腾的鸡蛋酒烘托出节日的祥和与热烈;嘉宾临门,一碗香喷喷的鸡蛋酒显示出彝族的真挚与热诚。

(5)松苓酒

松苓酒是满族的传统饮料,其制作方法非常独特:在山中寻觅一棵古松,伐其本根,将白酒装在陶制的酒瓮中,埋于其下,几年后挖掘取出。据说,通过这种方法,古松的精液就被吸到酒中。松苓酒酒色为琥珀色,具有明目、清心的功效。

其他配制酒种类很多,如在成品酒加入中草药材制成的五加皮酒,加入名贵药材的人参酒,加入动物性原料的鹿茸酒、蛇酒,加入水果的杨梅酒、荔枝酒等等。

三、能力测验

(1)区分法国葡萄酒的四个等级。

(2)葡萄酒品鉴:从葡萄酒的颜色,香气,口味特点品评葡萄酒的好坏。

(3)啤酒的酿造原料有哪些,作用是什么?

(4)啤酒评鉴:从啤酒的颜色、香气、口味特点上品鉴啤酒的好坏。

(5)黄酒评鉴:从黄酒的颜色、香气、口味特点上品鉴黄酒的好坏。
(6)说明白兰地储存年限的表示方法。
(7)列举出五个著名的白兰地品牌。
(8)说出威士忌四个著名的产地。
(9)列举出五个著名的威士忌品牌。
(10)列举出五个著名的金酒品牌。
(11)英式金酒和荷式金酒的区别在哪?
(12)俄罗斯伏特加和波兰伏特加的生产工艺有何区别?
(13)列举出五个著名的伏特加品牌。
(14)列举朗姆酒的分类。
(15)列举出三个著名的朗姆酒品牌。
(16)列举特其拉的分类。
(17)特其拉酒在饮用上有何特别之处?
(18)列举中国白酒的香型分类。
(19)列举出六个中国著名的白酒品牌。
(20)开胃酒可分为哪几个类型?
(21)分别列举出三款有开胃性质的配制酒。
(22)分别列举出两种不同品牌的佐餐酒。
(23)利口酒从制作原料上可分为哪几个类型?
(24)从颜色、原料、口味特点上辨别利口酒。
(25)列举出中国著名的三款配制酒。

第二节 酒水采购与仓储管理

一、实训操作

【实训项目】酒水的采购和仓储管理。

【实训要求】通过对酒水采购和仓储管理的实训,使学生了解并熟悉酒吧酒水采购和验收的流程、酒水库存和领发流程。

【评价标准】通过此项实训,使学生在酒吧经营实训中能正确地采购、验收、领发和库存管理酒水,使得酒吧运营得以顺利进行。

二、基础知识

(一)酒水的采购

人们通常认为,经营的利润来自于销售。因为,酒水只有在销售后,利润方能实现。但这只是一个表面的现象，因为单纯的销售是无任何经济利益可言的。销售仅仅是酒吧经营管理过程中的一个环节。如果仅在销售上加价牟取更高的利润，就会使顾客的消费量减少，从而降低整体销售量，酒吧的总体效益和利润并不能够增加。产品的市场价格是以价值为基础的，并且在竞争中各酒吧的销售价格逐渐趋于平均化，所以不能仅靠提高销售价格来扩大利润，酒吧唯一可行的办法就是努力做到低价采购，控制进货成本，在采购的环节中寻找酒吧利润的增长点。

在市场经济条件下，各种酒吧原料的采购价格具有较大差异，如地区差价、产销差价、批零差价、质量差价、季节差价等。这些差异直接影响原料的采购成本。一般采购者都应该知道其所在酒吧的毛利率和某一饮品的销售价格，当原料低于某个价格采购时能赚钱，或高于某个价格采购时就要赔钱，采购者应一清二楚。采购者应根据酒吧利润最大化的原则，有效地利用和掌握这些差价因素，为酒吧选择、采购质优价廉的原料，从而保障酒吧盈利目的的实现。

利润虽然最终是通过销售来实现的，但却始终隐含在整个采购过程中，这是酒吧经营者必须清醒认识到的一个现实现象。

1. 酒水的采购

(1)制订酒水采购计划

酒水的采购是酒水成本控制工作的开始，采购计划的制订是十分必要的，采购计划包括采购的品种、规格、数量等。

①确定酒水采购品种计划

酒单确定了酒水采购的种类。酒单和餐厅的菜单一样，是酒吧最好的推销工具，同时酒单的内容也直接与酒水的供应和采购有着密切的联系。酒单决定了酒吧的经营范围和经营品种，也决定着酒吧采购的品种。不同类型的酒吧，其目标消费者市场不同，酒单设计时供应饮品的内容、品种也存在着较大的差异，需采购酒水的品种也是不一样的。例如作为目前较为流行的迪吧，如果采购高等级干邑白兰地作为酒单供应的主品显然是行不通的，因为这与其消费阶层的消费能力不相符合，这样做的结果只能是占压资金。酒吧的经营管理人员必须通过市场调查并仔细分析自己的目标市场，制定出适合目标市场饮食喜好的酒单，然后依据本酒吧酒单的内容来控制酒吧采购品种的范围。

酒吧酒水采购的项目一般包括以下几大类：白兰地、威士忌、金酒、朗姆酒、伏特加酒、啤酒类、开胃酒类、葡萄酒、软饮料、咖啡、茶等。

酒单确定了酒水采购的数量及频率。一般来说，要根据酒单上酒水销售的情况来确定酒水采购的数量及采购频率。酒单上酒水销售快，酒水存货周转就快，进货数量就大，进货的频率就会加强；相反如果酒水销售慢，就会限制进货或不进货。酒吧在正式营业的最初采购时，应尽量限制那些不适应目标消费者需要的酒水的进货数量。

②制订酒水采购数量计划

为了避免出现采购数量过多或过少引起的问题，应该确定一个适中的采购数量。因此，酒吧的经营者必须了解影响采购数量的因素。

A. 因为季节等因素的影响，销售的饮品数量发生变化时必须增加或减少采购量。在不同的季节，顾客对某一种类的饮品的需求不同，例如热饮类饮品在冬季销售量要比在夏季销售量多，这样热饮类的原料消耗速度在不同季节就有较大差异。酒吧在原料采购时，不仅要考虑整体的变化，也要考虑结构的变化。

B. 现有仓储设施的储藏能力在一定程度上限制了采购的数量。

C.酒吧经营状况的好坏也影响着采购数量。经营较好时，酒吧可以适当增加采购数量，而经营较差、资金紧缺时，酒吧则应精打细算，适当减少采购数量，加速周转。

D.采购地点的远近对采购数量也有影响。如果采购地点较远，可以增加批量，减少批次，节省采购费用，防止意外的酒水断档现象；如果采购地点较近，采购方便，则可以减少批量。

E.市场供求状况的稳定程度影响采购数量。酒吧所使用的酒水当中，相当一部分依赖于进口，因此无论在供求状况上还是在价格上均具有一定的波动性，在这种情况下，如果酒吧资金较为宽裕，可在市场供应充沛时，适当增加采购数量。

F.储存期的长短影响着采购数量。酒吧所购进的酒水是按其基本特点和储存的要求分别在不同的温度和湿度条件下储存的。酒吧可依据酒水的储存期，决定采购数量的多少。桶装鲜啤酒只能储存相当短的一段时间，果酒和葡萄酒可储存时间稍长一些，而威士忌酒等蒸馏酒却可无限期储存。因此，酒水可按其储存特点进货，例如蒸馏酒的保存时间较长，当市场价格具有较大的优势时在采购批量上可适当增加。

G.销售商的结算方式影响采购数量。在目前市场经济条件下，销售商为扩大自己的销售量，往往会采用售后结账的形式来进行采购资金的结算，这样的采购并不占压酒吧的周转资金，同时，伴随这种结算方式，销售商又往往会对大批量采购进行一定量的折扣优惠和促销支持，因此可视酒吧经营状况，适当增加酒水的采购数量。

(3)酒水采购数量的确定

对于酒水采购数量的确定，大型酒吧会采用永续盘存法来进行。所谓永续盘存法，是指酒吧对所有饮品入库和出库保持连续记录的一种存货控制方法，酒吧采购人员可根据永续盘存表来指导采购工作。永续盘存表见表2-1(表中须注明酒水的最高存货量)。

表2-1　永续盘存表

编号08247

品名：浓缩橙汁
最高存货量：90瓶
规格：840mL×6/箱
订货点：30瓶
单价：180元/箱

日期	订购单号码	入库	出库	结余(承前)	备注
1/6/2007	＃060122－32		6	30	
2/6/2007			3	27	
3/6/2007			6	21	
4/6/2007			3	18	
5/6/2007		78	3	93	

①订货点。订货点应为采购周期销售量的1/3或1/2。如某饮品，采购周期为20天，20天的平均销售量为60个单位，如果最佳订货点为采购周期销售量的1/3，则在还有20个单位时，就应及时采购了。

②最高存货量(标准存货量)。一般情况下，最高存货量应为采购周期销售量的1.5倍。在订货方法上，独立的酒吧可采用定期订货法。定期订货法是一种订货期固定不变，即订货间隔时间一定，如一周一次或一月一次，但每次订货数量任意的一种方法。

对经营者来说，在确定最高存货量时，必须考虑以下几个因素：

第一，储藏空间。

第二，预计订货的频率。

第三，使用期限。如果一种饮品某段时间内消费量很高，那么最大存货量也应随之增加，反之，最大存货量应减少。

第四，供应商最低订货要求。因为大多数供货商愿意以标准的批量购买单位供应原料，如件、箱等，所以供应商最低订货要求也应考虑。

③瓶酒、罐装食品采购数量的确定。这类品种由于储藏期较长，故通常使用"定期订货法"对采购数量进行控制。

定期订货法是一种订货周期固定不变，如每一周或两周一次，甚至每月一次，但订货数量可以根据库存和需要改变的一种订货方法，以确保下一期对原料的供应。每到订货日期，库管员对库房进行盘点，然后决定订货数量。公式如下：

下期需用量－现有数量＋期末需要存量＝订货数量

现有数量通过盘点很容易得出。下期需用量可以根据酒吧以往的营业记录或预测得出。期末需要存量是指从发出订单到货物到达验收这一段时间（订购期）能够保证需要的数量。因此，确定期末需要存量，应考虑该种原料的日平均消耗速度和订购期天数。

例如，某酒吧每月订购浓缩橙汁一次，消耗量平均每天 3 瓶，订购期 4 天，即送货日在订货日期后第 4 天。库管员订货日盘点，发现库存浓缩橙汁 24 瓶，由以上信息，可以决定订购数量：

订货数量＝下期需用量（30×3）－现有数量（24）＋期末需要存量（4×3）
＝90－24＋4×3＝78（瓶）

考虑到以箱为采购单位，每箱 6 瓶，故应实际订货 13 箱，即 78 瓶，这样 4 天之后，货物到达，库存量又增至 90 瓶。

总之，酒吧酒水采购品种、数量的确定需要酒吧经营管理人员从多方面和多角度去考虑。采购酒水的品种过多，固然可以丰富酒吧酒水供应的品种，增加宾客的饮用选择范围，但也势必会造成部分酒水品种的积压，影响酒吧资金的正常周转。而采购酒水的品种过少，有时则会影响到酒吧正常的经营。大批量采购能够为酒吧带来价格上的折扣和促销上的支持，但库存量的增加，又会使酒吧库存管理难度增大；同时，结算上一次采购费用时，支付的资金量较大，也会影响到对其他原材料的正常采购。

2. 建立酒水采购质量标准

一般情况下，酒水可分为指定牌号（Call Brand）和通用牌号（Pouring Brand）两种类型。在建立品质标准时，通用牌号的选择是一个重要步骤。只有在顾客具体说明需要哪一种牌子的酒水时，才供应指定牌号；顾客未说明需要哪一种牌子，则供应通用牌号。如果一位顾客只讲明要一杯加苏打水的苏格兰威士忌酒，就供应通用牌号；如果顾客讲明要某一种牌子的加苏打水的苏格兰威士忌，就应给他供应由他指定牌子的酒水。酒吧通常的做法是：先从各类酒水中选择一种品质有保障，同时价格较低的或价格适中的牌子作为本酒吧通用牌号，其他品牌的同类型酒水则作为指定牌号。由于各个酒吧的顾客和价格结构不同，因此，各个酒吧选定的通用牌号也不同。选择通用牌号酒水是管理人员确定质量标准和成本标准的第一步。

要确定酒水的质量，管理人员需要考虑价格、目标消费者群体的偏爱和年龄、酒水的销路等一系列因素。如大多数人会认为21年苏格兰威士忌陈酒是优质酒，而各种廉价的金酒是质量较低的酒水。但是，对于喜爱不同口味的消费者来讲，这是两种不同类型的酒，除价格有高低差别之外，几乎没有什么可比性。不同的消费者对各种酒水的质量往往有很多不同的看法和判断标准。因此，酒吧的管理人员必须依据本酒吧目标消费者群体的消费特点，建立自己的酒水质量标准体系。

(1)质量标准的形式内容

所谓采购原料的质量标准(或称规格标准)，是指对所要采购的各种酒水原料作出的详细而具体的规定，如酒水原料的产地、等级、性能、容量大小、色泽、包装要求等。

当然，并不是所有的原料都要有这样一个质量标准，但对于那些成本较高的原料，酒吧应制定其质量标准，以指导采购，减少浪费。

质量标准可以卡片的形式出现。在这张卡片上，应反映出以下内容：

①原料的名称。

②原料的用途。

③有关饮品或性质的说明，应做到明确、简练，不要使用"一般"、"较好"、"少许"等容易引起人们误解的、模棱两可的修饰词。

④原料的特殊指示和要求。

(2)采用质量标准的作用

①使用质量标准，可以把好采购关，防止采购人员盲目地或不恰当地采购，以便于饮品质量的控制。

②把采购质量标准分发给有关货源单位，能使供货商掌握酒吧的质量要求，避免可能产生的误解和不必要的损失。

③便于采购的顺利进行。订货时不必向供货商重复解释原料的质量要求。

④如果将某种原料的质量标准分发给几个供货商，有利于引起供货商之间的竞争，使酒吧有机会选择最优价格。

⑤有利于原料的验收。

⑥可以防止采购部门与原料使用部门之间可能产生的矛盾。

⑦有助于搞好领料工作。

⑧可以提高调酒师的工作效率，减少浪费。

(3)质量标准与酒水经销商(或代理商)的选择

对酒水经销商(或代理商)的选择应考虑以下因素：

①酒水经销商(或代理商)的管理水平和设施情况。酒吧应了解酒水经销商(或代理商)的设施是否健全，酒水的进货渠道是否符合国家的规定，对处理订货单和对存货数量与质量的控制是否有系统的程序和科学的方法。

②经销商(或代理商)的地理位置。如果酒水经销商(或代理商)离酒吧较近，可以节省采购时间和采购费用，突发事件与送货延迟的可能性也会减少。

③财务的稳定性。酒吧应对未来的酒水经销商(或代理商)的财务可靠程度进行调查，以防止供应受到影响。

④酒水经销商(或代理商)员工的技能。优秀的员工或推销员不仅仅是接受订货单，他们还应熟悉自己产品的质量，能帮助酒吧选择质优价廉的产品以及能够处理在产品供应过程中所出现的问题。

⑤合理的价格。合理的价格意味着价格与质量的统一。在保证原料质量的基础上，尽可能选择价格较低的供货单位。

⑥酒水经销商（或代理商）的姿态。即供货单位是否愿意与企业建立良好的市场供求关系。双方应相互信任，遵守职业道德，公平交易，有困难时应千方百计予以协商解决。

⑦酒水经销商（或代理商）的支持力度。寻求酒水经销商（或代理商）的支持，对于酒吧经营来讲是十分必要的。在目前酒水销售市场竞争激烈的条件下，各品牌酒水为扩大自己的市场占有份额和树立产品品牌的形象，往往会对酒吧的销售提供不同的支持力度。从开业时的设备、器皿提供，到经营期间的产品推广，酒水的经销商（或代理商）都会对不同经营业绩的酒吧进行不同力度的资金、设备或人员支持。酒吧应充分利用或寻求供货厂商（代理商）的这些支持，这样不仅可以节约部分费用，而且可以利用厂商的资源来做市场活动（如抽奖、特价等）、技术支持和人员服务（酒水促销）等。因此，在选择酒水经销商（或代理商）建立采购供应关系前，一定要了解清楚经销商（或代理商）的支持力度以及经销商（或代理商）所处的市场地位（属几级经销商），并将有关促销支持的内容写在供求合同中。

以上问题一旦掌握清楚，便可与经销商（或代理商）签订供求合同，建立起酒吧酒水采购供应关系。

作为酒吧，一般希望从供货单位得到可靠的质量、合理的价格和及时的送货，而作为供货单位，则希望从酒吧得到有效的结算保障、销售数量的逐步提高。

3.酒水的采购程序

采购程序的制定与酒吧的规模、组织机构设置等因素有着密切的联系。小的独立酒吧一般投资者比较单一，营业中需要什么就去购买什么，没必要设立过于烦琐的采购程序。而作为合股投资或饭店内部的酒吧，其采购行为则必须通过采购部或专职的采购人员来完成，并制定相应的采购程序、步骤，以确保酒吧经营管理人员对采购质量和采购过程的完全控制，避免出现采购漏洞。

（1）酒吧前台依据经营需要每日向库房申领所需酒水原料。

（2）当某种酒水库存量降至订货点时，保管员填写请购单，申请订购。请购单一式两联。第一联送采购员，采购员需在采购之前请经管人员审批，并在请购单上签名；第二联由酒水保管员留存。请购单如表2-2所示。

表2-2　请购单

品名	规格	数量	建议供货单位	要求交货时间	备注

申请人__________　　　　审批人__________

(3)采购人员根据订购情况,填写订购单。订购单一式四联。第一联送酒水供应单位;第二联送酒水管理员,证明已经订货;第三联送验收员,以便核对发来的数量和牌号;第四联则由采购员保留。

(4)采购人员在订货单向酒水经销商(或代理商)发出后,应联系落实具体的供货时间,并督促其及时按质按量交货。

当然,并非所有酒吧都采用这样具体的采购手续。然而,每个酒吧都应保存书面进货记录,最好是用订购单保存书面记录,以便到货时核对。书面记录可防止在订货牌号和数量、报价、交货日期等方面产生误解和争论。购买酒水需支付大量现金,因此,每个酒吧都应建立订购单制度,防止或减少差错。订购单如表 2-3 所示。

表 2-3 订购单

订购单编号:＿＿＿＿＿＿　　供货单位:＿＿＿＿＿＿
订购日期:＿＿＿＿＿＿
交货日期:＿＿＿＿＿＿　　订货单位:＿＿＿＿＿＿
付款条件:＿＿＿＿＿＿

项　目	数　量	单　位	单　价	小　计

总计:

订货人＿＿＿＿＿＿

另外,酒吧在原料采购过程中,除了严格遵循上述采购程序进行酒水物品采购外,作为采购人员,在采购进口酒品时,还必须对我国于 1997 年制定的《进口酒类国内市场管理办法》有一个必要的认识和了解,以减少酒吧违规现象的发生。《进口酒类国内市场管理办法》摘录如下:

国家经贸委、国家工商局、海关总署、国家技术监督局、卫生部、国家商检局联合制定了《进口酒类国内市场管理办法》。其中:

第十一条,对从事进口酒类销售的企业有如下规定:(一)持有进口货物许可证(可以是复印件)、海关征税税单(可以是复印件)和卫生证书(正、副本),经销的进口酒类必须贴有第六条第三款规定的"中文标签"和第四款规定的"进口食品卫生监督检验标志"。(二)不得伪造、变造进口酒类卫生监督检验合格标志、认证标志和中文标签等质量标志。(三)不得制售假冒伪劣进口酒类。(四)不得经销走私进口酒类。(五)接受质量、卫生标准等有关业务的培训指导。

第十三条,经销进口酒类的企业的主管部门及旅游饭店、酒店的主管部门,应按照国家规定的职责,指导建立和规范进口酒类配送中心、连锁经营和代理经营等,建立健全进口酒类流通网络。

(二)酒水的验收

验收是酒吧原料管理和控制工作中的一个重要环节。大型饭店的酒水验收工作可设专人负责,一般酒吧由库房保管员负责,依据订货单检验酒水原料是否符合质量标准要求,数量、价格是否与订货单一致等项内容。酒水的验收工作必须严格执行以下规程:

1.酒水质量、数量和价格验收

所有到货酒水必须依据酒水经销商(或代理商)的发货票据上的内容和订货单的内容逐一验收,以确保酒水的品质。验收员必须仔细清点瓶数、桶数或箱数。如果以“箱”为计量单位进货,验收员应开箱检查瓶数是否正确、酒水内外包装有无破损等。同时对酒水的名称、商标、规格、容量、产地、供货价格等项内容严格检查,以防假冒伪劣酒水的混入,给酒吧带来不必要的损失。验收中所到酒水原料与订货单如有不一致的地方,验收员应根据职责要求做好记录并拒绝接收。无论出现什么问题,验收员都应及时报告上级主管,请上级主管解决。

2.酒水验收完毕后,应立即入库

将到货的酒水原料及时入库,可以有效地防止酒水原料失窃现象的发生,同时可以保证将那些贮藏条件要求比较高的酒水原料的损失降到最低。

3.酒水验收完毕后,还应根据发货票填写验收报表

验收员应在酒水经销商(或代理商)提供的发货票后签名,并连同验收报表一起送交上级主管签字,然后送交财会部门,以便在进货日记账中入账。

4.酒水验收完毕后,应将当日进货情况登记入册

为保证控制体系的精确、高效率的工作,验收员必须在每天工作结束前填写酒水验收日报表。建立健全酒水库房出入库酒水的资料,能够有效地做到酒水的量化管理,避免出现酒水管理上的混乱,使酒水的入库与发出以及存货数量一目了然。在酒水验收日报表上,不仅验收员应该签名,而且酒水管理员也应签名,以便确认收到酒水验收日报表上所列明的各种酒水。验收日报表如表 2-4 所示。

表 2-4　酒水验收日报表

日期：　　年　月　日

供应单位	项　目	每箱瓶数	箱数	每瓶容量	每瓶成本	每箱成本	小　计

分类

果酒	啤酒	蒸馏酒	利口酒	碳酸饮料	茶	咖啡

酒水管理员＿＿＿＿＿＿＿＿验收员＿＿＿＿＿＿＿＿

酒水验收日报表上的各类酒水进货总额还应填入酒水验收汇总表。酒水验收汇总表如表 2-5 所示。

表 2-5　酒水验收汇总表

日期	果酒	蒸馏酒	淡色啤酒	啤酒	配酒剂	合计
本期进货总额						

在某些小型酒吧里,每周只进货一次或两次,这类企业的验收员不必每天填写酒水验收日报表和酒水验收汇总表。所有进货成本信息可直接填入酒水验收汇总表,然后在某一控制期(一周、十天、一个月等)期末,再计算总成本。

小资料

货品差误处理

如果在验收之前,瓶子已经破碎,运来的饮料不是酒吧订购的品牌,或者是货物数量不足,验收员应填写货物差误通知单。如果没有发货单,验收员应根据实际货物数量和订购单上的单价,填写无购货发票收货单。

验收之后,验收员应在每张发货单上盖上验收章,并签名。然后,立即将饮品送到贮藏室。

验收之后,验收员还应根据发货单填写验收日报表,然后送财务人员,以便在进货日记账中入账。

(三)酒水的库存

验收员收到原料之后,应立即通知酒水管理员,尽快将所有酒水送到贮藏室保管。在大型饭店里,可能会有几个酒吧间,除了大贮藏室之外,各个酒吧间也可以有小贮藏室。在这类企业里,为了便于搞好控制工作,所有酒水仍应通过大贮藏室调拨分派给各个小贮藏室。

酒水的经济价值较高,许多高级酒品的价格极其昂贵(如一些干红酒类和蒸馏酒中的高等级白兰地酒),所以作为酒吧酒水库存管理的首要任务是加强安全防范,防止酒品数量上的损耗。合理的安全防范措施是酒水库存管理控制的一个关键性因素。在小型酒吧里,酒水贮藏室的钥匙由酒吧经理保管;在中、大型酒吧里,则可能由同时负责食品原料与饮料贮藏室保管工作的仓库管理员保管;而在超大型的酒吧里,往往由酒水管理员保管钥匙。为了加强控制、明确责任,每把锁只能配两把钥匙,一把在酒水管理员手中,另一把则存放在保险箱里，只有酒吧高层管理人员可以使用。此外，酒吧应定期换锁，特别是在酒水保管人员出现工作变动之后，更应立即换锁。

另外，酒水在贮藏过程中一定要依据各种酒水的特性分类贮藏，以防止因保存不当而导致空气与细菌的侵入，从而发生变质，产生不必要的浪费，增加酒水的成本。

1.酒水贮藏室(酒窖)的基本要求

酒水贮藏室是贮藏酒水的地方，在设计和安排上应充分强调科学性与方便性，这是由酒水的特殊贮藏性质所决定的，切不可随心所欲、就简行事。酒水贮藏室设立时应靠近酒吧间，这样可减少分发运送酒水的时间。此外，酒水贮藏室常设在容易进出、便于监视的地方，这样一是便于发料，二是减少安全保卫方面的问题。

理想的酒水贮藏室应该符合下述几个基本条件：

(1)有足够的贮存和活动空间

酒水贮藏室的贮存空间应与企业的规模相称，地方过小，自然会影响到酒品贮存的品种和数量。长存酒品与暂存酒品应分别存放，贮存空间要与之相应。库房内的活动空间应适当宽敞一些，以保证酒水原料的进出和挪动。

(2)具有良好的通风换气条件

通风换气的目的在于保持酒水贮藏室中有较好的空气环境。酒精挥发过多而空气不流通，会形成易燃气体聚积，这是很危险的。而良好的通风换气，有利于保持酒水贮藏室的干燥，也有利于工作人员的身体健康。

(3)保持干燥环境

酒水贮藏室相对干燥的环境，可以防止软木塞的霉变和腐烂，同时也可以防止酒瓶商标的脱落和质变(但是，过分干燥也会引起瓶塞干裂，从而造成酒液过量挥发损失)。保持酒水贮藏室干燥的方法主要是对地面做好防水防潮处理。

(4)隔绝自然采光照明

自然光线，尤其是直射日光容易引起病酒的发生。自然光线还可能使酒水氧化过程加剧，造成酒味寡淡和酒液混浊、变色等现象。酒水贮藏室最好采用人工照明，照明强度和照明方式应受到适当控制。

(5)避免震荡，以防止丧失酒水原味

震动干扰容易造成酒品的早熟，有许多“娇贵”的酒品在长期受震后(如运输震动)，常常需要“休息”两个星期，方可恢复原来的风格。

(6)其他

饮料贮藏室的内部应保持清洁卫生，不能有碎玻璃等杂物。箱子打开后，每一瓶饮料都应取出，存放到适当的架子上去。空箱子应立即清理，但必须严格检查，防止有人将还剩有饮料的箱子搬走。

2.酒水贮藏的温度及方法

酒水贮藏应保持适当的温度。使用软木瓶塞的葡萄酒酒瓶应呈45°的角度摆放，防止瓶塞干燥而引起变质。一般说来，红葡萄酒的贮藏温度为13℃左右即可。如果可能，白葡萄酒和香槟酒的贮藏温度应略低一些，为10℃左右。在可能的条件下，淡色啤酒的贮存温度应保持在4℃～7℃。特别是小桶啤酒，要防止变质，更应保持5℃左右的贮存温度。即使是只贮藏瓶装酒，最好也能保持在这一温度，以便在服务工作中减少使啤酒降至适当温度所需的时间和冰块。

贮藏区域的排列方法非常重要，同类饮料应存放在一起。例如，所有金酒应存放在一个地方，黑麦威士忌酒应存放在第二个地方，苏格兰威士忌酒则存放在第三个地方，这样排列可方便取酒。贮藏室的门上可贴上一张酒水平面布置图，以便相关人员准确及时地找到所需要的瓶酒。

3. 建立存料卡

要保证能在某一个地方找到同一种饮料，贮藏室可使用“存料卡”。存料卡上列明酒水的类别、牌号、每瓶容量等信息。同时，还可规定各种酒水的代号，并用字码机将代号打印到存料卡上。存料卡一般贴在搁料架上。存料卡样式见表 2-6。

使用代号，有以下作用：

(1)许多酒名不易正确发音、拼写，使用代号，可便于顾客点酒、员工领酒；在酒单上列明代号，常有助于酒水的销售。

(2)在酒瓶上打印代号，也是一种控制措施。

(3)使用存料卡，还便于酒水管理员了解现有存货数量。如果酒水管理员能在收入或发出各种酒水的时候仔细地记录瓶数，则不必清点实际库存瓶数，便能从存料卡上了解各种酒水的现有存货数量。此外，酒水管理员还能及时发现缺少的瓶数，尽早报告，以便引起管理人员的重视。

表 2-6 存料卡

项目________　　　　存货代号________

日期	收入	发出	结余	日期	收入	发出	结余

(四)酒水的领发

1. 酒水领(发)料程序

酒水领(发)料程序包括以下几个步骤：

(1)下班之前，酒吧调酒员将空瓶放在酒吧上面。

(2)酒吧调酒员填写酒水领料单，在第 1 栏记需领用的酒水名称，在第 2 栏记空瓶数，在第 3 栏记每瓶酒水的容量。

(3)酒水经理根据酒水单核对酒吧上空瓶数的牌号，如果两者相符，则应在“审批人”一行上签名，表示同意领料。

(4)酒吧调酒员或酒水经理将空瓶和酒水单送到贮藏室。酒水管理员根据空瓶核对领料单上的数据，并逐瓶用瓶酒替换空瓶，然后在“发料人”一行上签名。同时，酒吧调酒员或酒水经理在“领料人”一行上签名。

(5)为了防止员工用退回的空瓶再次领料，酒水管理员应按酒吧内部管理规定处理空瓶。

(6)酒水管理员在第 4 栏填入各种酒水的单价，并求出单价和瓶数的乘积，填入第 5 栏。然后再在“总瓶数”与“总成本”两行中分别填入各种酒水发出瓶数之和与各种酒水小计数之和。酒水领料单如表 2-7 所示。

表 2-7　酒水领料单

班次＿＿＿＿＿　　　　　　　　　　　日期：＿＿＿年＿＿＿月＿＿＿日
酒吧名称＿＿＿＿＿　　　　　　　　　酒吧招待员＿＿＿＿＿

品名	瓶数	每瓶容量	单价	小计
总瓶数 总成本：			审批人：＿＿＿＿＿ 发料人：＿＿＿＿＿ 领料人：＿＿＿＿＿	

2. 酒瓶标记

在发料之前，应在酒瓶上应做好标记。只有一个酒吧间的企业可在瓶酒存入贮藏室时做好标记。但是，在有的酒吧企业里，酒瓶标记是在发料时做的，采用各种标记，可表明某一瓶酒发给哪个酒吧间了。

通常，酒瓶标记是一种背面有胶粘剂的标签，是不易擦去的油墨戳记。标记上有不易仿制的标识、代号或符号。管理人员通过检查，可保证酒吧后面存放的瓶酒都是本企业的。这样做可防止酒吧调酒员把自己的酒带入酒吧出售，然后自留现金收入，给酒吧造成不必要的损失。

酒瓶标记有以下三个重要作用：

(1)根据验收日报表或发货票在酒瓶上记录成本，可便于做好领(发)料工作。

(2)在酒瓶上记录发料日期，可便于随时了解存放在酒吧后面的瓶酒的流转情况。

(3)酒吧调酒员用空酒瓶换瓶酒时，酒水管理员应首先检查空瓶上的标记，防止酒吧调酒员自带空瓶到贮藏室换取瓶酒。

酒瓶标记，特别是成本和发料日期应当是难以察觉的。需送上餐桌的瓶酒，应在瓶底下做标记。有时，根据需要也可不做标记。

能力测验

以小组为单位，撰写“酒水品种、数量采购计划确定”报告。教师对此进行评分，将结果填入表 2-8 中。

表 2-8　酒水采购评价表

评价内容	分值(分)	得分(分)
酒水采购品种计划制订的合理度	10	
酒水采购数量计划制订的合理度	10	
供货单位的选择	20	
酒水验收是否严格按验收程序进行	20	
酒水储存情况	20	
单据填写情况	20	
酒水采购总体评价	100	
出勤	10	
参与的主动性	10	
酒水品种、数量采购计划的确定	30	
酒水采购不足的补救措施	40	
创新性	10	

第三节　其他用品的介绍

一、实训操作

【实训项目】酒吧其他用品的介绍。

【实训要求】通过对酒吧器具、常用设备、常用杯具的介绍，让学生认知器具、设备和杯具并掌握其使用方法，保证学生酒吧经营的顺利进行。

【评价标准】通过此项实训，使学生能熟练地掌握酒吧各种器皿、器具，正确并熟练地使用；能够区别不同类型的杯具，选取正确的杯具盛装饮品。

二、基础知识

(一)调酒器具

1. 调酒壶(Cocktail Shaker)

调酒壶又称摇混器，是专门为调制难以混合的材料时使用的器皿，一般由不锈钢、铬合金、镀银等金属材料制成，其中以不锈钢制品最为普遍；在型号上分为大、中、小三种，容量从

250升至550升不等。调酒壶通常由三部分组成:壶身(Body)、滤冰器(Strainer)和壶盖(Top)(但美国有波士顿二段式调酒壶,即只有壶身和壶盖两部分组成)。除此以外,也有壶身为玻璃、塑胶等材料制成的调酒壶,甚至还有金属容器与玻璃各占一半的手提式调酒壶。手提式调酒壶的优点是可以轻易地取出里面的混合材料,但是在倒入酒杯时却需要另外再增添一个隔冰器。调酒壶采用摇荡的方法,是指用手握调酒壶,做来回的"摇晃"动作。摇荡的目的有两个:

(1)将酒液迅速冷却。

(2)让较难混合的材料快速充分地混合在一起。为了使各种调酒的材料充分地混合和冷却,同时又不让酒的口味变淡,摇荡时调酒师必须掌握正确的要领和技巧,方能调出一杯标准的鸡尾酒。

2. 调酒匙(Bar Spoon)

调酒匙也称为混合匙(Mixing Spoon)、搅拌匙(Stir Spoon)。在调制鸡尾酒时必须使用它来搅拌混合材料,它比普通的长匙要长,其匙柄的中央部位呈螺旋状,特别适合旋转时使用,调酒匙的一端为叉状、一端为匙状,通常调酒匙为金属制品,分不锈钢、铬合金、镀银等多种质地。调酒匙除起混合、搅拌等作用外,还可作为单位计量器,有时在鸡尾酒的调酒配方中,可见到的一种计量单位——1吧匙,即为此意。

3. 计量杯(Measuring Cup)

计量杯又称盎司杯,在调制鸡尾酒的过程中用来计算材料用量的器皿。计量杯有金属制品与玻璃制品两种,其容量上常见约有15毫升、30毫升、1盎司、45毫升和60毫升等多个规格,在形式上有单个的独杯和组合杯两种。

4. 注酒器(Measuring Pourer)

量酒器在酒吧中俗称为"雀仔头",是用来量取每瓶酒出酒分量的器皿,由金属和软木瓶塞组合而成,其金属部分内部设一贮藏酒液的空间,当酒注满后就会自动滴落出来,在酒吧常用于白兰地、威斯忌、伏特加等纯饮酒类的计量。根据其型号不同可有多种制式,以内贮1盎司的较为多见,故有人又称它为"盎司瓶嘴(Ounce Cut)"。

5. 调酒杯(Mixing Glass)

调酒杯是在调制不需要摇荡只做搅拌的鸡尾酒时所必备的大型杯子,为玻璃制品。这种酒杯的杯壁较厚,并附有杯嘴,杯子内侧底部呈圆形以利于调酒匙对酒液的搅拌。

6. 碎冰机(Ice Crusher)

碎冰机又称刨冰机,是一种可以迅速绞出细碎冰块晶体的器皿,分手摇和电动两种类型,酒吧多配备电动碎冰机。

7. 冰桶(Ice Bucket)

冰桶是装载冰块的容器,有金属、玻璃、木制、塑胶及陶瓷等多种质地,呈圆桶状,底部加有网状底垫可以漏出融冰的水。酒吧在选购时应注意其容量及保温性能。

8. 开瓶器(Opener)

开瓶器可以分为开软木塞封口的(如葡萄酒)螺丝启子(Corkscrew)及开啤酒瓶盖用的扳手两种。目前还有一种将两者合二为一的酒吧万用开瓶器(含软木塞启子、开瓶扳手、吧台专用刀等)以及杆式开瓶器等多种形式。

9. 隔冰器(Strainer)

当需要将调酒杯内调制好的鸡尾酒倒入酒杯时,杯内的冰块往往会随酒液一起滑落杯中，隔冰器就是防止冰块滑落的专用器皿。它由不锈钢制成。

除上述用具外，还有冰锥、冰夹、调酒棒、酒针、酒嘴、吸管、杯垫、砧板、水果刀、长匙、酒篮、滤网、木糙等多种酒吧器皿及用具。

(二)酒吧常用设备

酒吧中的设备一般可分为制冷、清洁及调制三种类型；其种类虽然繁多，用途也各异，但由于其多数为电器及自动化设备，因此使用上相对简单，但只有详细地了解它们的用途才能正确的选择与使用，从而减小劳动强度、提高工作效率。

1. 制冷设备

(1)冰箱(Refrigerator)。冰箱是酒吧中用于冷藏酒水饮料、保存调酒用料的设备，冰箱的大小型号可根据酒吧规模、环境等条件选用。冰箱内温度要求保持在4～8℃。冰箱内部一定要分层、分隔以便分类存放各种不同类型的酒水和调酒用料，通常用来存放啤酒、白葡萄酒、香槟酒、果汁、装饰物、奶油及其他用料。冰箱通常放在后吧区域。

(2)立式冷藏柜(Wine Cooler)。立式冷藏柜是专门用于存放香槟酒和白葡萄酒的设备。其质地为木料，内部分为若干个横竖成行的小格子，可将酒横插入格子内存放。其温度保持在4～8℃的准恒温状态之下。

(3)上霜机(Glass Chiller)。酒吧中用来冰镇酒杯，给酒杯上霜的电器设备。

(4)制冰机(Ice Maker)。冰块是酒吧中不可缺少的用料，制冰机就是酒吧中专门用来制作冰块的机器。根据型号的不同，制出的冰块也存在差异。

(5)生啤机(Draught Beer Machine)。生啤机是用来供应鲜啤酒的设备。它由酒桶、二氧化碳桶、制冷设备、连线和出酒龙头五部分组成。不用时必须断开电源，并取出插入生啤酒桶中的连线管子。另外，还应注意生啤机需经常清洗，以保持清洁卫生。

2. 清洗设备

(1)洗涤槽(Drain Boards)。洗涤槽是酒吧中重要的洗涤设备，它包括洗涤槽、冲洗槽和消毒槽三部分(有的带有滴水板)，经过洗涤后的杯子应反扣在滴水板上使其自然风干，以保持酒杯的彻底清洁。

(2)洗杯机(Washing Machine)。洗杯机有许多种类，型号也各异，酒吧可根据规模、需要选用。大型酒吧可选用洗量大，具有消毒、清洁、烘干等功能的机器，而小酒吧则选用小型的、只带有清洗功能的洗杯机即可。

3. 调制设备

(1)电动搅拌机(Blender)。电动搅拌机是酒吧调制鸡尾酒所必备的物品之一，它主要由塑胶容器及内置马达构成，经常被用来调制"刨冰"型鸡尾酒(Frozen)，或需添加牛奶、鸡蛋、蜂蜜、水果等材料的高杯长饮鸡尾酒时使用。在其种类方面有单纯的"点动式"按钮搅拌机和具有榨汁、粉碎、切片、搅拌等多种功能的食品处理机。

(2)果汁机(Juice Machine)。果汁机的型号很多，但其主要功能有两个：一是冷冻果汁，二是自动稀释果汁。

(3)榨汁机(Squeezer)。榨汁机是压榨柑橘类、橙类、柠檬等使用的机器，有塑胶及玻璃等多种式样，种类有电动、手动两种。其使用方法是将要压榨的物品横切成两半，使切口贴着压榨器中央凸起部位轻轻挤压并缓慢地左右转动，使其汁液流出。注意：如果用力过猛则会使果皮里的果油渗透出来，使榨出的果汁带有苦味。目前还有一种榨汁机只需将水果的果皮、果核去除，放入机器容器内，按动开关即可榨出新鲜的果汁来。

(4)奶昔搅拌机(Blender Milk Shaker)。它是电动搅拌机的一种，主要用于搅拌各种奶昔(一种用鲜牛奶加冰淇淋搅拌而成的饮品)类制品。

(5)咖啡器(Coffee Machine)。咖啡器是酒吧中用来煮制咖啡的器具，因为酒吧煮制咖啡多以咖啡豆为原料，故该器具由咖啡研磨机和咖啡壶两部分组成。老式的咖啡器中，这两部分是两个单独的个体，目前电热式咖啡壶则将其合二为一。

(6)收款机(Cash Register)。收款机发明于100多年前，目前已有许多种类。其基本功能有三个：记录、汇总和打印销售情况。现在星级饭店常用POS/ECR终端机代替，使其成为饭店计算机网络的一部分，具有账单记录、销售分析、监督和管理每日销售情况、分派和贮存酒水饮料的数量等新的功能。管理人员可以根据其提供的数据，检查、分析酒吧的经营情况，制定新的营销决策。

(三)酒杯

酒杯其实不过是人们用来盛装酒水的容器，但在酒吧中供客人使用的酒杯种类却相当多，使用也更趋专业和严格。在酒吧中使用的酒杯以玻璃质地为主，常见的一般有水晶玻璃杯、平光玻璃杯和刻花玻璃杯三种类型，酒杯的选择一般根据酒吧的档次、规模和格调而定，以满足不同消费档次的客人的多层次需要。

酒杯的容量单位在酒吧习惯用盎司(oz)来计算，现在国家统一计量标准后按毫升(mL)计算，换算公式为1oz=28.4mL。

1. 酒吧常用酒杯品种

(1)啤酒杯(Beer Mug)(如图2-25所示)。

图2-25　啤酒杯

啤酒杯的容量为336～504mL，在酒吧中一般用于生啤酒的饮用。

(2)白兰地杯(Brandy Glass)(如图2-26所示)。

图2-26　白兰地杯

白兰地杯的容量为224～336mL，是一种腰部丰满、杯口缩窄的酒杯，在酒吧中多用于白兰地酒的净饮。使用此杯可以使白兰地酒的酒香聚集在杯口的狭窄空间，让饮酒者充分享受浓郁的酒香。一般酒吧使用的标准白兰地酒杯的容量虽为224mL，但习惯上在斟白兰地酒时却只能斟28.4mL(1盎司)左右。

(3)柯林斯杯(Collins Glass)(如图 2-27 所示)。

图 2-27　柯林斯杯

柯林斯杯也称高杯(Tall Glass),其容量为 280mL,是一种圆桶形、杯身高长的大型酒杯,多用于各种蒸馏酒加软饮料的鸡尾酒、矿泉水、碳酸饮料的盛载。

(4)鸡尾酒杯(Cocktail Glass)(如图 2-28 所示)。

图 2-28　鸡尾酒杯

鸡尾酒杯容量规格为 98mL 左右,形状一般呈反三角形,当然也有各式各样的变形杯种,但是作为鸡尾酒杯,它们都有一个共同的特点,就是必须有杯脚和喇叭状的杯身,这是为了饮用时不必倾杯而专门设计的。在酒吧中归属于"短饮"类的鸡尾酒,一般都使用此种酒杯。

(5)香槟杯(Champagne Glass)(如图 2-29 所示)。

饮用香槟酒时所使用的专用酒杯,其容量规格为 126mL 左右,它有杯口宽阔的浅碟形香槟杯(Champagne Saucer)和杯口狭窄的迪形香槟杯(Champagne Tulip)两种。前者多用于香槟酒和某些鸡尾酒的饮用;后者多用于餐桌上,便于观赏到香槟酒的气泡从杯底中央缓缓上升的情景。

图 2-29　香槟杯

(6)利口酒杯(Liqueur Glass)(如图 2-30 所示)。

图 2-30　利口酒杯

利口酒杯也称餐后甜酒杯(Cordial Glass),其容量为 30mL 左右;一般在纯饮利口酒时使用,在酒吧此种酒杯还适用于纯饮伏特加、朗姆、特奇拉等烈性酒,或天使之吻(Angel's Kiss)、彩虹酒(Pousse Cafe)等餐后鸡尾酒(After Dinner Cocktail)。

(7)果汁杯(Juice Glass)(如图 2-31 所示)。

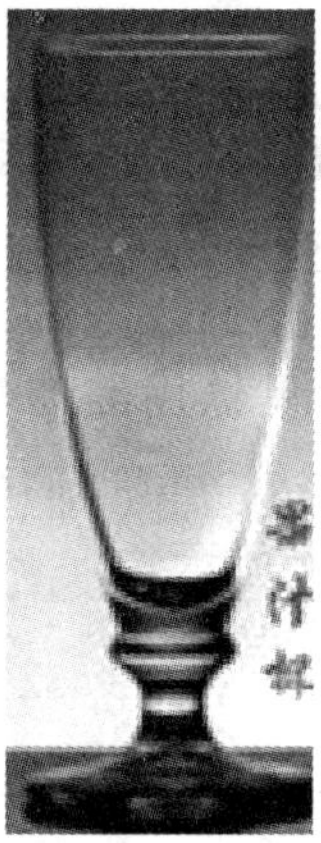

图 2-31　果汁杯

果汁杯的容量为168mL左右，形状为直身平底杯形，在酒吧饮用各种果汁时使用。

(8)古典杯(Old-fashioned Glass)(如图2-32所示)。

图2-32　古典杯

古典杯也称岩石杯(Cock Glass)，一般的古典杯杯身低、外形呈圆桶形，是一种小型的平底杯。由于这种酒杯可以放大一点的冰块，所以饮用时能够享受到冰块突出于烈性酒或鸡尾酒表面的特有气氛。在酒吧常用于饮用加冰块的酒和净饮威士忌酒，有时饮用某些鸡尾酒时也使用此种酒杯。

(9)红葡萄酒杯(Red Wine Glass)(如图2-33所示)。

图2-33　红葡萄酒杯

红葡萄酒杯的容量为224mL左右，是饮用红葡萄酒的专用酒杯。最好使用无色透明、附杯脚、杯沿稍稍向内弯曲、杯口直径约6.5cm的酒杯。

(10)烈酒杯(Shot Glass)(如图2-34所示)。

图 2-34　烈酒杯

烈酒杯的容量为 56mL 左右，用来饮用各种烈性酒（白兰地除外），但是只限于在烈性酒的净饮（不加冰）的情况下使用。

（11）苏打杯（Soda Glass）（如图 2-35 所示）。

图 2-35　苏打杯

苏打杯的容量为 448mL，在酒吧中常在食用冰激凌以及盛装苏打饮料时使用。

（12）酸酒杯（Sour Glass）（如图 2-36 所示）。

图 2-36　酸酒杯

酸酒杯的容量为112mL左右，该中型酒杯是饮用威士忌酸鸡尾酒时的专用酒杯。其形状大多为高脚杯，但国外有时也会以平底杯代替。

2.鸡尾酒杯的选择要求

(1)酒杯杯身应不带任何色彩和花纹，因为花纹和色彩会影响到对酒的观赏。

(2)应尽量选择高脚杯。这样既可便于手握，又可以保持鸡尾酒的冰冷度，因为在手的触摸过程中手温会加速酒液变暖，影响酒的口味。

(3)酒杯质地应以玻璃为主，因为金属或塑料会使酒走味；同时，透明的玻璃也利于对酒的观赏。

能力测验

器皿、设备、杯具的快速识别。教师对此进行评分，并将结果填入表2-9中。

表2-9　器皿、设备、杯具的识别考核表

考评内容	分数(分)	得分(分)
出勤	10	
参与的主动性	10	
识别的准确度	30	
使用方法的正确性	40	

经营篇

第三章

酒吧服务技巧实训

第一节　基本服务技能

一、实训操作

【实训项目】酒吧基本服务技能。

【实训要求】通过对酒吧基本服务技能的实训，使学生掌握对客服务的基本技能。

【评价标准】通过此项实训，使学生能以良好的精神面貌进行标准、快速的对客服务。

二、基础知识

(一)站姿

站姿是一个人站立的姿势，它是人们平时所采用的一种静态的身体造型，同时又是其他动态身体造型的基础和起点。常言道："站如松，坐如钟"，这是中国传统的关于形象的标准。人们在描述一个人生机勃勃、充满活力的时候，经常使用"身姿挺拔"这类词语。站姿是衡量一个人外表乃至精神的重要标准。优美的站姿是保持良好体型的秘诀。从一个人的站姿，人们可以看出他的精神状态、品质和修养及健康状况。

标准的站姿，从正面观看，全身笔直，精神饱满，两眼正视，两肩平齐，两臂自然下垂，两脚跟并拢，两脚尖张开 60°，身体重心落于两腿正中；从侧面看，两眼平视，下颌微收，挺胸收腹，腰背挺直，手中指贴裤缝，整个身体庄重挺拔。好的站姿，不是只为了美观而已，对于健康也是非常重要。

1. 站姿要领

(1)头正，双目平视，嘴唇微闭，下颌微收，面部平和自然。

(2)双肩放松，稍向下沉，身体有向上的感觉，呼吸自然。

(3)躯干挺直，收腹，挺胸，立腰。

(4)双臂放松，自然下垂于体侧，手指自然弯曲。

(5)双腿并拢立直，两脚跟靠紧，脚尖分开呈 60 度，男子站立时，双脚可分开，但不能超过肩宽。

2. 错误站姿

(1)两脚分叉分得太开;

(2)交叉两腿而站;

(3)一个肩高一个肩低;

(4)松腹含胸;

(5)一只脚在地下不停地划弧线;

(6)交腿斜靠在马路旁的树干、招牌、墙壁、栏杆上;

(7)不停地摇摆身子,扭捏作态;

(8)与他人勾肩搭背地站着;

(9)膝盖伸不直。

(二)坐姿

坐姿是体态美的主要内容之一。对坐姿的要求是"坐如钟",即坐相要像钟那样端正稳重。端正优美的坐姿,会给人以文雅稳重、自然大方的美感。

坐姿的特点是:安详、雅致、大方、得体。

1. 坐姿要领

(1)入座要轻而稳,女士着裙装要先轻拢裙摆,而后入座。

(2)面带笑容,双目平视,嘴唇微闭,微收下颌。

(3)双肩平正放松,两臂自然弯曲放在膝上,也可放在椅子或沙发扶手上。

(4)立腰、挺胸、上体自然挺直。

(5)双膝自然并拢,双腿正放或侧放。

(6)至少坐满椅子的2/3,脊背轻靠椅背。

(7)起立时,右脚向后收半步而后起立。

(8)谈话时,可以侧坐,此时上体与腿同时转向一侧。

2. 座位高低不同对坐姿的不同要求

(1)低座位:轻轻坐下,臀部后面距座椅背约2厘米,背部靠座椅靠背。如果穿的是高跟鞋,坐在低座位上,膝盖会高出腰部,此时应当并拢两腿,使膝盖平行靠紧,然后将膝盖偏向你的对话者,偏的角度应根据座位高低来定,但以大腿和上半身构成直角为标准。

(2)较高的座位:上身仍然要正直,可以跷大腿。其方法是将左腿微向右倾,右大腿放在左大腿上,脚尖朝向地面,切忌右脚尖朝天。

(3)座位适中:两脚尽量向后左方,让大腿与上半身成90度以上角度,双膝并拢,再把右脚从左脚外侧伸出,使两脚外侧相靠,这样不但雅致,而且显得文静而优美。

3. 错误的坐姿

(1)抖腿;

(2)鞋跟晃动;

(3)叠腿;

(4)靠背;

(5)前俯后仰;

(6)脚搭在椅子、沙发、茶几上;

(7)脚尖相对；

(8)脚伸得太远；

(9)起立时动作过于迅猛或用双手撑着腿站起。

(三)走姿

走姿是人体所呈现出的一种动态，是站姿的延续。走姿是展现人类动态美的重要形式，正确的走姿，能走出风度，走出优雅，走出美来，更能显示出一个人的活力与魅力。

正确的走姿应当身体直立、收腹直腰、两眼平视前方，双臂放松在身体两侧自然摆动，脚尖微向外或向正前方伸出，跨步均匀，两脚之间相距约一只脚到一只半脚，步伐稳健，步履自然，要有节奏感。起步时，身体微向前倾，身体重心落于前脚掌，行走中身体的重心要随着移动的脚步不断向前过渡，而不要让重心停留在后脚，并注意在前脚着地和后脚离地时伸直膝部。步幅的大小应根据身高、着装与场合的不同而有所调整。女性在穿裙装、旗袍或高跟鞋时，步幅应小一些；相反，穿休闲长裤时步伐就可以大些，凸显穿着者的靓丽与活泼。

正确的走姿主要有三个要点：从容、平稳、直线。

1. 走姿要领

(1)行走时，上身应保持挺拔的身姿，双肩保持平稳，双臂自然摆动，幅度手臂距离身体30～40厘米为宜。

(2)腿部应是大腿带动小腿，脚跟先着地，保持步态平稳。

(3)步伐均匀、节奏流畅会使人显得精神饱满、神采奕奕。

(4)步幅的大小应根据身高、着装与场合的不同而有所调整。

(5)女性在穿裙装、旗袍或高跟鞋时，步幅应小一些；相反，穿休闲长裤时步伐就可以大些，凸显穿着者的靓丽与活泼。女性在穿高跟鞋时尤其要注意膝关节的挺直，否则会给人“登山步”的感觉，有失美观。

2. 错误走姿

(1)低头看脚尖：心事重重，萎靡不振；

(2)拖脚走：未老先衰，暮气沉沉；

(3)跳着走：心浮气躁；

(4)走出内八字或外八字；

(5)摇头晃脑，晃臂扭腰，左顾右盼，瞻前顾后：会被误解，特别是在公共场合很易给自己招麻烦；

(6)走路时大半个身子前倾：动作不美，又损健康；

(7)行走时与其他人相距过近，与他人发生身体碰撞；

(8)行走时尾随其他人，甚至对其窥视围观或指指点点，会被视为“侵犯人权”或“人身侮辱”；

(9)行走时速度过快或过慢，以致对周围人造成一定的不良影响；

(10)边行走，边吃喝。

3. 走姿注意事项

(1)男服务生110步/分；女服务生120步/分。较好的步速反映服务员积极的工作态度，是客人乐于看到的。

(2)最佳步幅应为本人的一脚之长，男子每步约40厘米，女子每步约为35厘米；

(3)起步之时，身体须向前微倾，重心落在前脚掌上，并随脚步移动不断向前过渡；

(4)不可手插衣袋，尤其不可插裤袋，也不要叉腰、倒背着手；

(5)后退时扭头就走是失礼，面向他人先后退至少两三步、转体，步幅宜小，轻擦地面，转体时应身先头后。

(6)两人或两人以上并排，以内为尊，以右为尊，以道路内侧为尊；

(7)三个人并排，由尊而卑依次居中、居右、居左；

(8)以前为尊，以后为卑，客人、女士、尊长在前；主人、男士、晚辈较低随后。

(四)托盘

在KTV、酒吧、夜总会这种娱乐场所，托盘是必不可少的工具，服务人员使用托盘时的姿势状态能很好地反映出场所是否正规、服务是否到位。

1. 托盘的种类

目前常见的托盘按其质地分有：木制托盘、塑料托盘、不锈钢托盘、铝制托盘和镀银托盘；按用途不同又分为：大、中、小圆盘和大、中、小方托盘六种不同规格。

2. 托盘的动作分类

托盘的动作主要有轻拖和重托两种。

(1)轻拖的操作要领：

①左手托盘，左臂弯曲(前臂与后臂成90度)，掌心向上，五指稍弯曲分开，掌心呈凹状。

②用力托住托盘底部中心位置，重心压在大拇指根部，使重心点和左手五指端成为“6个力点”，利用五指的弹性掌握盘面的平稳。

③平托于胸前，低于胸部，基本在第二与第三颗衣扣之间，盘面保持平衡，利用左手腕灵活转向。

④行走时头应正，肩应平，上身应直，两眼平视前方(不可眼看盘面)，脚步轻捷自如，托盘随着步伐在胸前平稳前进。

⑤在过路和交叉相遇时，应尽可能在右侧行走，以免碰撞，为防止意外发生，可用右手在托盘前迎挡一下。

(2)重拖的操作要领：

①用双手将托盘的边移至柜台外，用右手拿住托盘的一头，左手伸开全掌托住盘底。

②掌握好重心后，用右手协助左手向上托起，同时左手向上弯曲臂肘，向左后方旋转180°，擎托于肩外上方，做到盘底不搁肩、盘前不靠嘴、盘后不靠发，右手或自然摆动，或扶住盘的前内角，并随时准备排除他人的碰撞。

③重托要求上身挺直，两肩平行，行步时步履轻快，肩不倾斜，身不摇晃，遇障碍物让而不停。

④起托、后转、行走、放盘时掌握重心，保持平稳，动作表情要显得轻松自然。

⑤重托时，装载要力所能及，不要在托起后随意地增加或减少盘内的物品。

⑥放托盘时，要弯膝但不能弯腰。

3. 托盘的具体操作程序

(1)理盘：清洁整理托盘。使用前把托盘选择好，检查盘面是否平无凹凸，并擦洗干净。

(2)装盘：将各种不同类的物品，根据其派用的先后在盘中合理装上。一般应将重物、高物放于身体的内侧。这样易于掌握托盘重心。随后将轻物、低物或先派用的物品装在盘的外侧，使盘内物品分布得体，方便自己的服务工作。这样既稳妥又可避免盘面的过多转动或右手在交叉取物时可能造成的自身碰撞。

(3)起托：指在盘内完成装盘后，开始托起行走。托盘从桌面起托时应注意正确的姿势。注意手脚身体的配合动作。先将左脚向前一步，站立为弓步形。上身向左，向前倾斜，使左手与托盘相平，用右手将托盘拉出桌面 1/3，然后将左手伸进盘底，左手托起托盘，右手可帮助一下，待左手掌握中心后右手应放开。同时左脚收回一步，使身体收回一步，成站立姿势。

(4)行走：指服务员托起托盘走动时的行走动作。行走时头应正，肩应平，上身应直。还应特别注意在为客人服务的过程中应使着托盘的左手离上身有一定间距，千万不能紧贴上身。因为人体在走动时有轻微的摇动，如果托盘随步左右摇动就会使托盘中的物品产生滑动或响声，而且托盘的姿势也不优美。

在落托盘时，一要慢，二要稳，三要平。左手转掌落托盘时，要用右手协助。待盘面与台面平等时，再用左臂或左手将盘向前推进，落托盘动作结束后应及时将盘内物品整理好。

(五)斟酒

1.斟酒的动作要领

(1)在上餐台斟酒之前，必须严格检查酒水质量，将瓶口擦干净，如果发现瓶子破裂或有变质的酒水要及时更换。

(2)斟酒应先宾后主，先女后男，然后绕台依次向左进行。如果二人斟酒，一人从第一主宾开始，一人从第二主宾开始，绕台向左依次进行。

(3)斟酒的姿势要自然大方，服务员应站在来宾身后右侧，身体不要紧贴客人，但也不能离得太远。左手拿口布，右手执住酒瓶中下部，酒瓶商标朝向客人，从宾客右侧斟酒，切忌反手倒酒。酒瓶要慢慢抬起，瓶口徐徐向上移动(在抬起酒瓶时左手腕慢慢向内旋转 45 度)，使最后一滴酒均匀分布在瓶口处，用口布擦净，不要滴在台布上。

(4)斟酒时瓶口不要碰上杯口，以相距 2 厘米为宜，一防止把杯子碰碎碰翻，但也不要拿得太高，过高则酒水容易溅在杯外。当不慎将杯子碰碎或碰翻时，应及时向来宾打招呼，即予调换，并迅速补上口布，将溢出的酒水擦干。如宾客将酒杯碰翻也应该这样做。满瓶酒和半瓶酒，斟酒时的出口速度不同，瓶内酒越少出口速度就越快，倒酒时容易冲出杯外，所以要掌握好酒水的倾斜度。

2.斟酒的注意事项

(1)斟酒时不能站在客人的左侧，不准左右开弓，不准隔位斟，禁止反手斟。

(2)斟酒时不宜太急速，要注意控制酒水流出的速度。

(3)斟啤酒时，一要速度慢；二要酒瓶倾斜，瓶口留有空隙；三要尽可能减少晃动，让酒沿着杯内壁徐徐倒入，避免泡沫溢出杯外。

(4)席间续添酒应在客人杯中的酒剩 1/3 时就马上添酒，但要注意不要弄错酒水。

(5)碰翻酒杯应用毛巾将酒吸干，同时更换酒杯。如污染面较大，可用餐巾盖上弄脏的布台。

(6)开启酒盖或易拉罐时，不要向着客人，以避免气体喷溅到客人身上。

(7)大型宴会上宾主致辞讲话时，负责主桌的服务员要将讲话者和与会来宾的酒水准备好，待讲话结束后及时送上供祝酒用。

(8)宾主讲话时,服务员要停止一切操作,站在适当的位置,待讲话结束才重新开始工作。

(9)各种不同种类的酒,斟放要求也不尽相同。

能力测验

(1)站姿的练习。

(2)坐姿的练习。

(3)走姿的练习。

(4)托盘的练习。

(5)斟酒的练习。

教师对学生的上述练习进行评分,并将结果填入表 3-1 中。

表 3-1 酒吧服务技巧考核

考评内容	分数(分)	得分(分)
出勤	10	
服装、仪容仪表	10	
站姿	10	
坐姿	10	
走姿	20	
托盘(轻托)	10	
托盘(重托)	10	
斟酒	20	

第二节 调酒技巧

一、实训操作

【实训项目】酒吧调酒技巧。

【实训要求】通过对鸡尾酒的了解并结合酒吧调酒技能的实训,使学生掌握摇和法、调和法、兑和法、搅和法。

【评价标准】通过此项实训,使学生能运用摇和法、搅和法、兑和法、调和法制作符合出品要求的鸡尾酒。

二、基础知识

(一)鸡尾酒的定义及简介

1.鸡尾酒的定义

鸡尾酒是由两种或两种以上的酒或由酒掺入果汁配合而成的一种饮品。具体地说，鸡尾酒是用基本成分(烈酒)、添加成分(利口酒和其他辅料)、香料、添色剂及特别调味用品按一定分量配制而成的一种混合饮品。美国的韦氏字典是这样注释的：鸡尾酒是一种量少而且冰镇的酒，它是以 Rum、Whisky 或其他烈酒、葡萄酒为酒基，再配以其他辅料(如果汁、蛋清、苦精、糖等)以搅拌或摇和法调制而成的，最后再饰以柠檬片或薄荷叶。

下面，我们再引用美国鸡尾酒权威厄思勃里的话对鸡尾酒一词作全面深入的介绍。鸡尾酒应是增进食欲的滋润剂，绝不能背道而驰。按照定义，即使酒味很甜或使用大量果汁调和，也不要远离鸡尾酒的范畴；鸡尾酒要既能刺激食欲，又能使人兴奋、创造热烈的气氛，否则就没有意义了，巧妙调制的鸡尾酒是最美的饮料；鸡尾酒必须有卓绝的风味，为此，舌头的味蕾应充分张开，这样才能尝到刺激的味道，如果太甜、太苦、太香就会掩盖品尝酒味的能力，降低酒的品质；鸡尾酒需要足够的冷却，所以用高脚酒杯烫酒最不合适，调制时需加冰，加冰量应严格按配方控制，冰块要化到要求的程度。

2.鸡尾酒简介

鸡尾酒非常讲究色、香、味、形兼备，故又称艺术酒。

最初的鸡尾酒饮料市场，主要为男人们独享的辣味饮料所占据。后来，随着鸡尾酒的广泛饮用和进入各种社交场合，为满足那些不能承受酒精的饮用者，才派生出了适合妇女口味的甜味饮料。到了美国的禁酒年代(1920 年 1 月 17 日至 1933 年 12 月 5 日)，制作无酒精混合饮料的技术突飞猛进，从而奠定了今天的苏打类饮料的基础，当时被称为 mocktails 或 softails(软饮料)。它利用鸡尾酒的调制形式，调制成无酒精饮料。鸡尾酒的历史算来不过一个多世纪，风行世界各国也不过几十年的光景。从鸡尾酒诞生那一天开始，人们对于鸡尾酒的态度就褒贬不一。一些人认为配制鸡尾酒是“酒盲”的行为，把好端端的极名贵的干邑、威士忌、葡萄酒糟蹋得不成样子，多年精心酿制成的色、香、味、体全被破坏于瞬间，他们反对饮用混合酒。而另一些人却认为鸡尾酒开辟了酒的新的色、香、味的领域，饮用鸡尾酒是一件极美妙的事情，同时它还含有只能意会不能言传的意境，饮用鸡尾酒是一种艺术享受。长期以来的实践证明，鸡尾酒以它特有的魅力赢得了人们的赞誉，成为宴席上不可缺少的饮料，也正因为如此，各种鸡尾酒配方层出不穷，展现了无尽的魅力。

鸡尾酒自身的世界性传播可追溯到 100 多年前的美国，当时美国的制冰业正向工业化迈进，这无疑为鸡尾酒的迅速发展奠定了基础，使得美国成为当时鸡尾酒最为盛行的一个国家，而那里的调酒师的技艺也是最为高超和美妙的。后来，美国的禁酒法导致名酒吧师的外流，他们到了法国或英国后，促成了欧洲乃至世界鸡尾酒黄金时代的到来。

3.鸡尾酒的命名

认识鸡尾酒的途径各式各样，但从其名称入手不失为一条捷径。鸡尾酒的命名五花八门、千奇百怪，从植物名、动物名到人名，从形容词到动词，从视觉到味觉等。而且，同一种鸡尾酒的叫法也有可能不同；反之，名称相同，配方也可能不同。不管怎样，其命名方式有：以酒的内容命名、以时间命名、以自然景观命名、以颜色命名，此四种方式兼而有之的也不乏其例。

(1)以酒的内容命名

以酒的内容命名的鸡尾酒虽说为数不是很多，但却有不少是流行品牌，这些鸡尾酒通常都是由一两种材料调配而成的，制作方法相对也比较简单，多数属于长饮类饮料，而且从酒的名称就可以看出酒品所包含的内容。例如，比较常见的有：朗姆可乐，由朗姆酒兑可乐调制而成，这款酒还有一个特别的名字，叫“自由古巴(Cuba Liberty)”；金汤力(Gin and Tonic)，由金酒加汤力水调制而成；伏特加7(Vodka 7)，由伏特加加七喜调制而成。此外，还有金可乐、威士忌可乐、伏特加可乐、伏特加雪碧、葡萄酒苏打等。

(2)以时间命名

以时间命名的鸡尾酒在众多的鸡尾酒中占有一定数量，这些以时间命名的鸡尾酒有些表示了酒的饮用时机；但更多的则是在某个特定的时间里，创作者因个人情绪，或身边发生的事，或其他因素的影响有感而发，产生了创作灵感，创作出一款鸡尾酒，并以这一特定时间来命名鸡尾酒，以示怀念、追忆，如“忧虑的星期一”、“六月新娘”、“夏日风情”、“九月的早晨”、“开张大吉”、“最后一吻”等。

(3)以自然景观命名

所谓以自然景观命名，是指借助于天地间的山川河流、日月星辰、风露雨雪，以及繁华都市、边远乡村抒发创作者的情思。创作者通过游历名山大川、风景名胜，徜徉在大自然的怀抱中，尽情享受。而面对西下的夕阳、散彩的断霞、岩边的残雪，还有那汹涌的海浪，产生了无限感慨，创作出一款款著名的鸡尾酒，并用所见所闻来给酒命名，以表达自己憧憬自然、热爱自然的美好情感，当然其中亦不乏叹人生之苦短、惜良景之不再的忧伤之作。因此，以自然景观命名的鸡尾酒品种较多，且酒品的色彩、口味甚至装饰等都具有明显的地方色彩，比如“雪乡”、“乡村俱乐部”、“迈阿密海滩”等，此外还有“红云”、“牙买加之光”、“夏威夷”、“翡翠岛”、“蓝色的月亮”、“永恒的威尼斯”等。

(4)以颜色命名

以颜色命名的鸡尾酒占鸡尾酒的大部分，它们基本上是以“伏特加”、“金酒”、“朗姆酒”等无色烈性酒为酒基，加上各种颜色的利口酒调制成形形色色、色彩斑斓的鸡尾酒品。

鸡尾酒的颜色主要是借助各种利口酒来体现的，不同的色彩刺激会使人产生不同的情感反映，这些情感反映又是创作者心理状态的本能体现，由于年龄、爱好和生活环境的差异，创作者在创作和品尝鸡尾酒时往往无法排除感情色彩的作用，并由此而产生诸多的联想。

①红色。它是鸡尾酒中最常见的色彩，主要来自调酒配料“红石榴糖浆”。通常人们会从红色联想到太阳、火、血，享受到红色给人带来的热情、温暖，甚至潜在的危险，而红色同样又能营造出异常热烈的气氛，为各种聚会增添欢乐、增加色彩。因此，红色无论是在现有鸡尾酒中还是在各类创作、比赛中都得到广泛使用。如著名的“红粉佳人”鸡尾酒就是一款相当流行且广受欢迎的酒品，它以金酒为基酒，加上橙皮甜酒、柠檬汁和石榴糖浆等材料调制而成，色泽粉红，口味甜酸苦诸味调和，深受各层次人士的喜爱。著名的红色鸡尾酒还有“新加坡司令”、“日出特其拉”、“迈泰”、“热带风情”等。

②绿色。绿色主要来自著名的绿薄荷酒。薄荷酒有绿色、透明色和红色三种，但最常用的是绿薄荷酒，它用薄荷叶酿成，具有明显的清凉、提神作用。用它调制的鸡尾酒往往会使人自然而然地联想到绿茵茵的草地、繁茂的大森林，更使人感受到了春天的气息、和平的希望，特别是在炎热的夏季，饮用一杯碧绿滴翠的绿色鸡尾酒，使人暑气顿消，清凉之感沁人心

脾。著名的绿色鸡尾酒有“蚱蜢”、“绿魔”、“青龙”、“翠玉”、“落魄的天使”等。

③蓝色。这一常用来表示天空、海洋和湖泊的自然色彩，由著名的蓝橙酒的酿制。蓝色在鸡尾酒中频频出现，如“忧郁的星期一”、“蓝色夏威夷”、“蓝天使”、“青鸟”等。

④黑色。黑色主要是各种咖啡酒，其中最常用的是一种叫甘露（也称卡鲁瓦）的墨西哥咖啡酒。其色浓黑如墨，味道极甜，带有浓厚的咖啡味，专用于调配黑色的鸡尾酒，如“黑色玛丽亚”、“黑杰克”、“黑俄罗斯”等。

⑤褐色。可可酒，由可可豆及香草做成。由于欧美人对巧克力异常偏爱，配酒时常常被大量使用，或用透明色淡的，或用褐色的，比如调制“白兰地亚历山大”、“第五街”、“天使之吻”等鸡尾酒。

⑥金色。金色主要是用用带茴香及香草味的加里安奴酒，或用蛋黄、橙汁等调制出来的。著名的绿色鸡尾酒有“金色凯迪拉克”、“金色的梦”、“金青蛙”、“旅途平安”等。

带色的酒多半具有独特的冲味。如果只知调色而不知调味，可能调出一杯中看不中喝的手工艺品；反之，如果只重味道而不讲色泽，也可能成为一杯无人敢问津的杂色酒。此中分寸需经耐心细致地摸索、实践来寻求，不可操之过急。

(5)以其他方式命名

上述四种命名方式是鸡尾酒中较为常见的命名方式，除了这些方式外，还有很多其他命名方法。例如：

①以花草、植物来命名鸡尾酒，如“白色百合花”、“郁金香”、“紫罗兰”、“黑玫瑰”、“雏菊”、“香蕉芒果”、“樱花”、“黄梅”等。

②以历史故事、典故来命名，如“血玛丽”、“咸狗”、“太阳谷”、“掘金者”等，每款鸡尾酒背后都有一段美丽的故事或传说。

③以历史名人来命名，如“亚当与夏娃”、“哥伦比亚”、“亚历山大”、“丘吉尔”、“牛顿”、“伊丽莎白女王”、“丘比特”、“拿破仑”、“毕加索”、“宙斯”等，将这些世人皆知的著名人物与酒紧紧联系在一起，使人时刻缅怀他们。

④以军事事件或人来命名，如“海军上尉”、“自由古巴军”、“深水炸弹”、“老海军”等。

4.鸡尾酒的分类

鸡尾酒分为短饮和长饮。

短饮，意即短时间内喝的鸡尾酒。这种鸡尾酒放置的时间一长，风味就减弱了。此种酒采用摇动或搅拌以及冰镇的方法制成，使用鸡尾酒杯。一般认为鸡尾酒在调好后10～20分钟内饮用为好，大部分酒精度数是30度左右。

长饮，是调制成适于消磨时间悠闲饮用的鸡尾酒，一般兑上苏打水、果汁等。长饮鸡尾酒几乎全都是用平底玻璃酒杯或果汁水酒酒杯这种大容量的杯子。它是加冰的冷饮，也有加开水或热奶趁热喝的热饮，尽管如此，一般认为调好后30分钟左右饮用为好。与短饮相比，大多酒精浓度低，所以容易喝。长饮酒依制法不同而分成若干种。

5.调制鸡尾酒的基本材料

(1)调鸡尾酒时要有最基本的酒，主要有香甜酒和六大基酒（威士忌、白兰地、金酒、伏特加、朗姆酒、龙舌兰酒）。这些酒酿造精良，口感独特，或无色或有色，像龙舌兰酒，如果陈年则为金黄色。

(2)五大汽水：苏打汽水（Soda Water）、通宁汽水（Tonic Water）、姜汁汽水（Ginger Water）、七喜汽水（7-UP）、可乐（Cola）。

(3)重要果汁:柳橙汁、凤梨汁、番茄汁、葡萄柚汁、葡萄汁、芭乐汁、苹果汁、小红莓果汁、运动饮料、杨桃汁、椰子汁。

(4)备用配料:杏仁露、豆蔻粉、芹菜粉、红樱桃、绿樱桃、香草片、洋葱粒、橄榄粒、辣椒酱、辣椒油。

(5)重要配料:红石榴汁(Grenadine)、柠檬汁(Lemon)、青柠汁(Lime)、鲜奶油(Cream)、椰奶(Coconut)、鲜奶(Milk)、蜂蜜(Honey)、蓝橙汁(Blue Curacao Syrup)、薄荷蜜(Peppermint Syrup)、葡萄糖浆(Grape Syrup)。

6.调制鸡尾酒的基本原则

(1)调制鸡尾酒所用基酒及配料的选择,应以物美、价廉为原则。

(2)初学者在制作鸡尾酒之前,要学会使用量酒器,以保证酒的味道纯正。即使对于经验老到的调酒师,使用量酒器也是非常必要的。

(3)调酒所用冰块应尽量选用新鲜的,新鲜的冰块质地坚硬,不易融化。调酒用的配料要新鲜,特别是奶、蛋、果汁等。

(4)绝大多数的鸡尾酒要现喝现调,调完之后不可放置太长时间,否则将失去应有的品味。

(5)调制热饮酒,酒温不可超过78℃,因酒精的蒸发点是78℃。

(6)调酒人员必须保持双手干净,因为在许多情况下是需要用手直接操作的。

(7)调酒器具要保持干净、整洁,以便随时取用而不影响连续操作。

(8)下料程序要遵循先辅料、后主料的原则,这样如在调制过程中出了什么差错,损失不会太大,而且冰块也不会很快融化。

(9)在调制鸡尾酒之前,要将酒杯和所用配料预先备好以方便使用。若在调制过程中再耗费时间去找酒杯或某一种配料,那是调制不出高质量的鸡尾酒的。

(10)在使用玻璃调酒杯时,如果当时室温较高,使用前应先将冷水倒入杯中,然后加入冰块,将水滤掉,再加入调酒配料进行调制。其目的是防止冰块直接进入调酒杯产生骤冷变化而使玻璃杯炸裂。

(11)在调酒中使用的糖块、糖粉,要首先在调酒器或酒杯中用少量水将其溶化,然后再加入其他配料进行调制。

(12)在调酒过程中,“加满苏打水或矿泉水”这句话是针对容量适宜的酒杯而言的,根据配方的要求最后加满苏打水或其他饮料。对于容量较大的酒杯,则需要掌握加量的多少,一味地“加满”只会使酒变淡。

(13)倒酒时,注入的酒距杯口要留杯深1/8的距离。太满会给人的饮用造成一定的困难,太少又会显得非常难堪。

(14)水果如果事先用热水浸泡过,在压榨过程中会多产生1/4的汁。

(15)制作糖浆时,糖粉与水的重量比是3∶1。

(16)鸡尾酒中使用蛋清是为了增加酒的泡沫和调节酒的颜色,对酒的味道不会产生影响。

(17)调配制作完毕之后一定要养成将瓶子盖紧并复归原位的好习惯。

(18)调酒器中如果剩有多余的酒,不可长时间地在调酒器中放置,应尽快滤入干净的酒杯中,以备他用。

(19)调酒配方中的蛋黄、蛋白,指生鸡蛋的蛋黄和蛋清。

7.鸡尾酒的特点

经过200多年的发展，现代鸡尾酒已不再是若干种酒及乙醇饮料的简单混合物。现代鸡尾酒种类繁多、配方各异，都是调酒师精心设计的佳作，其色、香、味兼备，盛载考究，装饰华丽，除有圆润、协调的味觉享受外，观色、嗅香，更有享受、快慰之感。其独特的载杯造型、简洁的装饰点缀，无一不充满诗情画意。综观鸡尾酒的性状，现代鸡尾酒应有如下特点：

(1)由几种饮料调和而成

鸡尾酒由两种或两种以上的非水饮料调和而成，其中至少有一种为酒精性饮料。像柠檬水、中国调香白酒等都不属于鸡尾酒。

(2)花样繁多，调法各异

用于调酒的原料有很多，各种酒所用的配料种数也不相同，如两种、三种甚至五种以上。就算以流行的配料种类确定的鸡尾酒，各配料在分量上也会因地域不同、人的口味各异而有较大变化，从而冠用新的名称。

(3)具有刺激性中味

鸡尾酒具有明显的刺激性，能使饮用者兴奋。它具有适当的酒精度，能使饮用者紧张的神经得以缓和、肌肉放松等等。

(4)能够增进食欲

鸡尾酒应是增进食欲的滋润剂。饮用后，由于酒中含有的微量调味饮料，如酸味、苦味等饮料的作用，饮用者的口味应有所改善，决不会因此而倒胃口、厌食。

(5)口味优于单体组分

鸡尾酒必须有卓越的口味，而且这种口味应该优于单体组分。品尝鸡尾酒时，舌头的味蕾应该充分扩张，才能品尝到刺激的味道。如果过甜、过苦或过香，就会影响品尝风味的能力，降低酒的品质，这是调酒所不允许的。

(6)冷饮性质

鸡尾酒需足够冷冻。像朗姆类混合酒，以沸水调节器配，自然不属典型的鸡尾酒。当然，也有些酒种既不用热水调配，也不强调加冰冷冻，但其某些配料是冷的，或处于室温状态的，这类混合酒也应属于广义的鸡尾酒的范畴。

(7)色泽优美

鸡尾酒应具有细致、优雅、匀称的色调。常规的鸡尾酒有澄清透明的和浑浊的两种类型。澄清型鸡尾酒应该色泽透明，除极少量因鲜果带入的固形物外，没有其他任何沉淀物。

(8)盛载考究

鸡尾酒应由式样新颖大方、颜色协调得体、容积大小适当的载杯盛载。装饰品虽非必需，但是常有的，它们对于酒的作用是锦上添花，使之更有魅力。而且某些装饰品本身也是调味料。

(二)鸡尾酒的调制方法

鸡尾酒的调制方法归纳起来主要有四种：摇和法、搅和法、调和法、兑和法。

1.摇和法

摇和法也称摇荡法，它是将各种基酒和辅料放入调酒壶中，通过手的摇动达到充分混合的目的。此种方法主要用来调制配方中含有鸡蛋、糖、果汁、奶油等较难混合的原料。

(1)用具:调酒壶。

(2)放料顺序:先在调酒壶中放入适量的冰块,然后按照鸡尾酒的配方要求,依次放入调酒辅料和配料,最后放入基酒。

(3)操作技法:摇和法在操作手法上分为单手摇和双手摇两种,对摇酒的方法和姿势没有严格的要求,关键在于在将酒液充分摇匀、迅速冷却的基础上保持调酒姿势的优美,给宾客以赏心悦目的感受。一般使用小号的摇酒壶可以单手摇,大号的摇酒壶用双手摇则更为妥当一些。摇和法的特点是通过快速、剧烈的摇荡,使酒水能够达到最充分的混合,且不会因冰块过多地融化而冲淡酒液。值得注意的是,无论是单手摇还是双手摇,在摇酒的时候,一定要保持身体的稳定,剧烈摇动的是酒壶,而不是调酒师的身体,要尽量保持体态的美观、大方。摇妥之后,马上将酒滤入事先备好的酒杯内。

①单手摇。以右手食指按压调酒壶盖,中指在壶身右侧按压滤冰器,拇指在壶身左侧,无名指和小拇指在右侧夹住壶身。手心不与壶身接触,以免手温加速壶内冰块融化的速度。摇和时,注意手臂尽量拉直,以手腕的力量使调酒壶左右摇晃,同时手臂自然上下摆动。

②双手摇。对于含有鸡蛋和蜂蜜这些较难以单手摇和均匀的鸡尾酒,通常采用双手摇这一操作技法。具体手法是:右手拇指按压调酒壶盖,其他手指夹住壶身;左手无名指、小拇指托住壶底,其余手指夹住壶身。壶头朝向调酒师,壶底朝外,并将壶底略向上抬。摇和时可将调酒壶斜对胸前,也可将调酒壶置于身体的左上或右上方肩上,作"活塞式"运动。注意用力均匀以使酒液充分混合。

(4)斟倒酒液:

①斟倒时机。在摇荡过程中,当调酒壶的金属表面出现霜状物时,证明壶内酒水已经充分混合并且已经达到均匀冷却的状态。

②斟倒方式。右手持壶,左手将壶盖打开,同时右手食指下移按压住滤冰器,将酒壶倾斜,将壶内摇荡均匀后的酒液通过滤冰器滤入载杯之中。

2.搅和法

搅和法是使用电动搅拌机进行酒水混合的一种方法,主要在混合鸡尾酒配方中含有水果(如香蕉、苹果、西瓜等)成分或碎冰时使用。这种调酒方法是通过电动搅拌机高速马达的快速搅拌,达到混合的目的。采用此种调制方法效果非常好,同时亦能极大地提高调制工作的效率和调酒的出品量,因此现在比较流行。

(1)用具:电动搅拌机。

(2)放料顺序:依据鸡尾酒配方要求,将冰块与辅料及酒水依次放入搅拌杯中。

(3)操作技法:首先注意在投料前应将水果去皮切成片、块等易于搅拌的形状,然后再将原料投入搅拌杯中。原料投放完毕后,将搅拌杯的杯盖盖好(以防止高速搅拌时酒液四溅),开启搅拌机电源使其混合搅拌。注意使用电动搅拌机进行调酒时,搅拌的时间不宜过长,一般控制在10秒以内,以防电机损坏。当鸡尾酒配方中的材料较难混合时,可以用点动方式进行搅拌调和。

(4)斟倒酒水:待搅拌机马达停止工作,整个搅拌过程结束后,将搅拌杯从搅拌机机座上取下,将搅拌混合好的酒液倒入准备好的载杯中。

3.兑和法

兑和法调制的鸡尾酒主要是指彩虹酒。其方法是将各种调酒原料按比重的不同,沿着吧匙的匙背依次倒入酒杯中,使酒液在载杯中形成层次。

(1)用具:调酒匙或长柄匙。

(2)放料顺序:依据鸡尾酒配方的分量,将酒水按照其糖度含量的高低(糖度越高,比重就越大)依次倒入载杯中,先倒糖度含量高的(比重大的)酒水,再倒入糖度含量低的酒水。

(3)操作技法:使用兑和法调酒的关键在于:调酒师必须熟练掌握各种酒水的含糖量(比重的大小)。用兑和法进行调制时,调酒师必须做到心平气和,尽量避免手的颤动,以防影响酒液的流速冲击下层酒液,导致酒液色层融合。

(4)斟倒酒水:将吧匙的匙背或茶匙的匙背倾斜放入杯中,以匙尖轻微接触酒杯内壁,将酒水轻轻倒在匙背上,使酒水沿匙背顺着酒杯内壁缓缓流入载杯中。目前有些调酒师在使用兑和法调制鸡尾酒时,不再使用匙背斟倒酒水,而是采用滴管,这样更能节省时间、提高工作效率。

4.调和法

调和法是在最小稀释酒水的情况下,迅速将酒水冷却的一种调酒混合方法。其操作步骤是将各种原料和冰块加入调酒杯中,然后使用吧匙进行搅拌混合。

(1)用具:调酒杯、调酒匙(或搅拌棒)、滤冰器。

(2)放料顺序:先将适量的冰块放入调酒杯中,再将酒水依据鸡尾酒配方规定的量,依次倒入调酒杯中。

(3)操作技法:以左手拇指、中指、食指轻握调酒杯的底部,将调酒匙的螺旋部分夹在右手拇指和食指、中指、无名指之间,快速转动调酒匙作顺时针方向运动,搅动10～15圈,待酒液均匀冷却后停止。

(4)斟倒酒水:将滤冰器加盖于调酒杯口上,右手的食指和中指分列于滤冰器把的左右,卡压滤冰器,拇指、无名指和小拇指握住调酒杯。倾斜调酒杯将酒液滤入准备好的载杯中。

另外,有些鸡尾酒由于不需要滤冰这一过程,则可在其配方规定的载杯中直接使用调酒匙(或搅拌棒)进行搅和。

(5)注意事项:

①调和时,调酒匙的匙头部分应保持在调酒杯的底部搅动,同时应尽量避免与调酒杯的接触,应只有冰块转动的声音。

②调酒匙的匙背应向上从调酒杯中取出,以防跟带酒水。

③搅拌时间不宜太长,以防冰块过分融化影响酒的口味。

④操作时,动作不宜太大,以防酒液溅出。

三、能力测验

(1)鸡尾酒命名的方式有哪几种?

(2)鸡尾酒根据饮用时间长短,可分为哪两类?

(3)了解鸡尾酒的调制原则。

(4)鸡尾酒有哪些特点?

(5)分别运用摇和法、调和法、兑和法、搅和法各调制一杯鸡尾酒,教师进行打分,并将结果填入表3-2中。

表 3-2 调酒技巧考核表

考评内容	分数(分)	得分(分)
出勤	10	
服装、仪容仪表	10	
摇和手法	20	
搅和手法	20	
兑和手法	20	
调和手法	20	

第三节 鸡尾酒配方

一、实训操作

【实训项目】鸡尾酒配方。

【实训要求】结合鸡尾酒配方,使学生更加熟练地运用摇和法、调和法、兑和法、搅和法。

【评价标准】通过此项实训,学生能熟记10款以上的鸡尾酒制法,迅速并规范地进行调制。

二、基础知识

鸡尾酒配方都是调酒师经过长期摸索而制定出来的,每一款酒的配量、色泽、载杯、装饰都有严格的规定。这些配方通过在酒吧中进行不断地实践,受人们欢迎的就慢慢流传开来,不受欢迎的则逐渐被淘汰。下面提供38款最流行的世界鸡尾酒、中国鸡尾酒配方供大家学习。

(一)国际流行鸡尾酒

1. 马天尼

马天尼酒被称为鸡尾酒之王,目前共有268种配方。

原料:2盎司金酒,1/3盎司马天尼。

装饰:2个橄榄。

制法:调和。

2. 深水炸弹

原料:伏特加0.5盎司,啤酒。

制法:兑和法,先将啤酒杯斟七分满,再倒入伏特加。

3.环游世界

原料:伏特加1盎司,绿薄荷酒1盎司,菠萝汁3盎司。

制法:摇和法。

4.两者之间

原料:朗姆0.5盎司,君度酒0.5盎司,白兰地0.5盎司,柠檬汁0.5盎司。

制法:摇和法,红樱桃装饰。

5.自由古巴

原料:朗姆酒0.5盎司,柠檬汁0.5盎司。

制法:调和法,先把朗姆酒和柠檬汁倒入,再斟满可口可乐,加吸管,不加装饰。

6.红粉佳人

原料:金酒1盎司,柠檬汁1盎司,红石榴汁0.25盎司,君度酒0.25盎司,鸡蛋清0.5个。

制法:调和法,红樱桃装饰。

7.情与醉

原料:金酒0.5盎司,柠檬汁1盎司,橘子汁1汤匙,红石榴汁1/6汤匙。

制法:摇和法。

8.百万富翁

原料:金酒1盎司,柠檬汁0.5盎司,马天尼0.25盎司,红石榴汁0.25盎司。

制法:调和法。

9.黄金美梦

原料:嘉连露酒1.5盎司,君度酒1盎司,橙汁1.5盎司,淡奶1盎司。

制法:摇和法,装在香槟杯中。

10.长岛冰茶

原料:金酒0.5盎司,朗姆酒0.5盎司,伏特加0.5盎司,白橙皮0.5盎司,特其拉0.5盎司,柠檬汁2盎司,可乐注满。

制法:调和法。

11.得其利

原料:朗姆酒1盎司,柠檬汁1.5盎司,糖水0.5盎司。

制法:摇和法,糖边装饰。

12.玛格丽特

原料:特其拉1盎司,橙皮甜酒1盎司,柠檬汁0.5盎司,白糖水0.5盎司。

制法:摇和法,装在玛格丽特杯中,盐边装饰。

13.青草蜢

原料:白可可2/3盎司,绿薄荷2/3盎司,牛奶2/3盎司。

制法:摇和法。

14.白兰地亚历山大

原料:白兰地1盎司,黑可可1盎司,牛奶1盎司。

制法:摇和法,豆蔻粉做装饰。

15.威士忌酸

原料:威士忌1盎司,柠檬汁0.5盎司,白糖水0.5盎司。

制法:摇和法,红樱桃做装饰。

16. 白俄罗斯

原料：伏特加1盎司，咖啡甜酒0.5盎司，牛奶0.5盎司。

制法：摇和法，装在海波杯中。

17. 螺丝刀

原料：伏特加1.5盎司，橙汁6盎司。

制法：兑和法，装在古典杯中。

18. 蜜瓜球

原料：伏特加1盎司，蜜瓜甜酒1盎司，橙汁0.5盎司。

制法：摇和法，红樱桃、柠檬做装饰。

（二）中国鸡尾酒配方

1. 长城之光

原料：竹叶青5.5盎司，白兰地0.5盎司，柠檬汁1盎司，红石榴糖浆1匙，红樱桃1枚。

调法：摇和法。先在调酒壶中放入冰块，依次将前四种原料倒入调酒壶中摇匀，倒入鸡尾酒杯中，以开口红樱桃点缀。

特色：酒液色美，味香甜、微酸，适宜春秋季饮用。

2. 五福临门

原料：五加皮酒1盎司，汽水5盎司，鲜柠檬片1片。

调法：将酒与汽水倒入直脚香槟杯中，加适量碎冰，搅拌均匀后放柠檬片于酒中。

特色：香甜爽口，适于暑季家人消暑时饮用。

3. 桂花飘香

原料：桂花陈皮2.5盎司，鲜橙汁2盎司，洋河5/6盎司，雪碧适量，薄荷嫩枝1只，红樱桃1枚，鲜橙片1片。

调法：将酒和果汁置于啤酒杯或高脚杯中，加两块冰块，注入汽水于九成满；用牙签将红樱桃串于鲜橙片上，再将该橙片夹杯口装饰；最后插入薄荷嫩枝和吸管各一根。

特色：口味香甜微酸，装饰华丽，是女士们喜爱的消暑饮料。

4. 中国古典

原料：桂花陈酒4/3盎司，茅台1盎司，红樱桃1枚。

调法：加适量冰块于调酒杯中，再依次加入桂花陈酒和茅台酒，搅匀后倒入三角鸡尾酒杯中，以牙签戳一颗红樱桃放入杯内点缀。

特色：融桂花香与酱香为一体，幽香浓郁，适于春秋季饮用。

5. 雪影红

原料：五粮液2盎司，鲜橙汁1/2盎司，鲜柠檬1片，红樱桃1枚。

调法：将适量碎冰放入调酒杯中，加入酒和果汁，搅匀后倒入普通香槟酒杯或老式杯，放进柠檬片，最后以红樱桃点缀。

特色：酒味幽香浓烈，有较明显的刺激性，适于春秋季节饮用。

6. 欢乐四季

原料：竹叶青2盎司，西凤酒1盎司，桂花陈酒1盎司，柠檬汁1盎司，红樱桃1枚，鲜柠檬1片，山菊花1朵。

调法：先将适量冰块放入高脚敞口杯内，再加入酒和柠檬汁，搅匀后放入柠檬片和红樱桃，最后将山菊花挂于杯边作为点缀。

特色：酒液为红黄色，味道醇香，适于春秋季饮用。

7. 一江春绿

原料：竹叶青 1.5 盎司，干味美思 4/3 盎司，绿色薄荷酒 1/3 盎司。

调法：将上述原料酒放入老式杯或高脚敞口杯中加适量冰块，搅匀后即可饮用。

特色：酒液碧绿，干性，爽口，清凉幽香，四季皆宜。

8. 红玫瑰

原料：玫瑰露 2 盎司，橙汁 1 盎司，石榴汁糖浆 1 盎司，鲜鸡蛋 1 只，汽水适量。

调法：先小心地分出鸡蛋清，再将玫瑰露、蛋清、橙汁和糖浆注入调酒壶内，加入适量碎冰块，摇匀至起泡沫时停止。另将经过预冷的汽水注入大型高脚杯的一半，再滤入经过摇匀的酒，用酒吧勺搅匀，插入饮管饮用。

特色：醇香丰满，幽香味美，适于女士们盛夏饮用。

9. 中国彩虹

原料：红石榴糖浆 0.25 盎司，橙汁 0.25 盎司，菊花酒 0.25 盎司，莲化白酒 0.25 盎司，绿薄荷 0.25 盎司。

调法：兑和法。过程同调外国彩虹鸡尾酒相同。

特色：色彩艳丽，犹如彩虹，尤为淑女所喜爱。

10. 贵夫人

原料：桂花陈酒 4 盎司，朗姆酒 0.5 盎司，鲜橙汁 2 盎司。

装饰：薄荷嫩叶 1 片，柠檬皮 1 片。

调法：调和法。

特色：酒液呈暗红色，微酸带甜，适宜春秋季节饮用。

11. 旭日东升

原料：特其拉酒 2 盎司，橙汁 4 盎司，红石榴汁 1 盎司。

调法：调和法。先将两块冰放入白酒杯中，用量杯把特其拉酒和橙汁量入杯中，用酒吧勺搅匀，最后倒入红石榴汁，红石榴汁沉入杯底，犹如日出一样的色彩。

12. 绿翡翠

原料：椰子汁 1 盎司，柠檬汁 1 盎司，红石榴汁 5 盎司，蓝橙酒 1 盎司，白酒 2 盎司。

装饰：柠檬片 1 片，樱桃 1 个。

调法：摇和法。先放冰，然后放原料，调好。放 3 块冰在鸡尾酒杯中，把调好的酒倒入杯中。

13. 银装素裹

原料：椰子汁 1 盎司，菠萝汁 5 盎司，白朗姆酒 3 盎司。

装饰：菠萝 1 片，樱桃 1 个。

调法：摇和法。先放冰，然后放原料，调好。放 3 块冰在鸡尾酒杯中，把调好的酒倒入杯中。

14. 蓝色海洋

原料：石榴糖浆 $\frac{1}{3}$ 盎司，葡萄汁 2 盎司，白酒 1 盎司，蓝橙酒 1 盎司，柠檬汽水注满。

装饰：带皮柠檬。

调法：摇和法。

15. 映日荷花

原料：甜红葡萄酒1盎司，柠檬汁1盎司，生鸡蛋清1/2个。

制法：摇和法，以红樱桃装饰。

16. 一代红妆

原料：葡萄酒0.7盎司，红石榴汁0.3盎司，柠檬汁0.3盎司，生鸡蛋清0.5个。

制法：摇和法，以红樱桃装饰。

17. 苦涩的爱

原料：红玫瑰酒1.5盎司，高粱酒2/3盎司，苦汁3滴。

装饰：柠檬皮1条。

调法：调和法。装入古典杯。

特色：酒色粉红，香味足，略带苦味，适宜男士饮用。

18. 永失我爱

原料：干白葡萄酒1盎司，雪碧适量。

制法：兑和法。

19. 淡淡之交

原料：竹叶青1盎司，糖浆0.5汤匙，雪碧适量。

制法：调和法，以红樱桃装饰。

20. 秋水伊人

原料：金酒14毫升，普通白酒0.3盎司，葡萄酒0.6盎司，雪碧适量。

制法：调和法，调匀后(雪碧除外)倒入杯中，冲入雪碧，半片柠檬装饰。

能力测验

运用所学调制指定的鸡尾酒，教师对调酒过程进行评分，并将结果填入表3-3中。

表3-3 调酒鸡尾酒过程考核表

考评内容	分数(分)	得分(分)
出勤	10	
服装、仪容仪表	10	
稳定性	10	
口感	20	
卫生	20	
杯饰	20	
创意	10	

第四节　服务职责岗位培训

一、实训操作

【实训项目】酒吧服务职责岗位培训。

【实训要求】通过对酒吧服务职责岗位的实训，使学生对岗位职责和工作流程有清晰的认识。

【评价标准】通过此项实训，使学生在酒吧服务中能以自身岗位职责为准则，参照工作流程完成不同岗位的实训。

二、基础知识

(一)酒吧服务员的岗位职责

由于各饭店、宾馆的餐饮规模不同，星级不同，酒吧的组织结构可根据实际需要而制定或改变。有些四星级或五星级大饭店，一般设立酒水部，管辖范围包括舞厅、咖啡厅和大堂酒吧等。在国外或我国香港，酒吧经理通常也兼管咖啡厅。

酒吧的人员构成通常由饭店中酒吧的数量决定。在一般情况下，每个服务酒吧配备调酒师和实习生 4～5 人，主酒吧配备领班、调酒师、实习生 5～6 人；酒廊可根据座位数来配备人员，通常 10～15 个座位配 1 人。以上配备为两班制需要人数，一班制时人数可减少。例如，某饭店共有各类酒吧 5 个，其人员配备如下：酒吧经理 1 人、酒吧副经理 1 人、酒吧领班 2～3 人、调酒师 15～16 人、实习生 4 人。人员配备可根据营业情况不同而作相应的调整，这些人员的岗位职责分别为：

1. 酒吧经理

酒吧经理对老板负责，管理酒吧前台和后台的日常经营，负责执行各项政策；并履行采购各种烈性酒、葡萄酒和啤酒，招聘及培训新员工，监督和激励全体员工，行使管理职能，维持高质量的经营和服务等职责。

(1)酒吧经理的个人素质要求

①精通酒吧经营相应的服务技能，掌握服务标准的要求。

②有很强的敬业精神，对工作一丝不苟，有认真求实的工作态度，善于发现自身不足，勤于思考，不断创新。

③善于与人交往，能够建立良好的人际关系，对外能够建立广泛的客户群体，对内能够协调好各部门间的工作关系。

④熟练地运用一门外语。

⑤组织能力强，能够妥善地安排日常工作，妥善地处理餐具、物品使用与保管的关系。
⑥重视员工的业务培训，有编写培训计划并亲自授课的能力。
(2)酒吧经理的岗位职责
①保证各酒吧处于良好的工作状态和营业状态。
②正常供应各类酒水，制订销售计划。
③编排员工工作时间表，合理安排员工休假。
④根据需要调动、安排员工工作。
⑤督促下属员工努力工作，鼓励员工积极学习业务知识、求取上进。
⑥制订培训计划，安排培训内容，培训员工。
⑦根据员工工作表现做好评估工作，提升优秀员工，并且执行各项规章和纪律。
⑧检查各酒吧每日的工作情况。
⑨控制酒水成本，防止浪费，减少损耗，严防失窃。
⑩处理客人投诉或其他部门的投诉，调解员工纠纷。
⑪按需要预备各种宴会酒水。
⑫制定酒吧各类用具清单，定期检查补充。
⑬检查食品仓库的酒水存货情况，填写酒水采购申请表。
⑭熟悉各类酒水的服务程序和酒水价格。
⑮制定各项鸡尾酒的配方及各类酒水的销售标准。
⑯定出各类酒吧的酒杯及玻璃器皿清单，定期检查补充。
⑰负责解决员工的各种实际问题，例如制服、调班、加班、就餐、业余活动等。
⑱进行上、下级之间的联系，向下传达上级的决策，向上反映员工情况。
⑲完成每月工作报告，向饮食部经理汇报工作情况。
⑳监督完成每月酒水盘点工作。
㉑审核、签批酒水领货单、百货领货单、棉织品领货单、工程维修单、酒吧调拨。

2.酒吧副经理

酒吧副经理的岗位职责是：
(1)保证酒吧处于良好的工作状态。
(2)协助酒吧经理制订销售计划。
(3)编排员工工作时间，合理安排员工假期。
(4)根据需要调动、安排员工工作。
(5)督导下属员工努力工作。
(6)负责各种酒水销售服务，熟悉各类服务程序和酒水价格。
(7)协助经理制订培训计划，培训员工。
(8)协助制定鸡尾酒以及各类酒水的销售分量标准。
(9)检查酒吧的日常工作情况。
(10)控制酒水成本，防止浪费，减少损耗，严防失窃。
(11)根据员工表现做好评估工作，执行各项纪律。
(12)处理客人投诉和其他部门投诉，调解员工纠纷。
(13)负责各种宴会的酒水预备工作。
(14)协助酒吧经理制定各类用具清单，并定期检查补充。

(15)检查食品仓库酒水存货情况。
(16)检查员工考勤,安排人力。
(17)负责解决员工的各种实际问题,例如制服、调班、加班、业余活动等。
(18)监督酒吧员工完成每月盘点工作。
(19)协助酒吧经理完成每月工作报告。
(20)进行上、下级之间的联系。
(21)酒吧经理缺席时代理酒吧经理行使其各项职责。

3.酒吧领班

酒吧领班的岗位职责是:
(1)保证酒吧处于良好的工作状态。
(2)正常供应各类酒水,做好销售记录。
(3)督导下属员工努力工作。
(4)负责各种酒水服务,熟悉各类酒水的服务程序和酒水价格。
(5)根据配方鉴定混合饮料的味道,熟悉其分量,能够指导下属员工。
(6)协助经理制定鸡尾酒的配方以及各类酒水的分量标准。
(7)根据销售需要保持酒吧的酒水存货。
(8)负责各类宴会的酒水预备和各项准备工作。
(9)管理及检查酒水销售时的开单、结账工作。
(10)控制酒水,减少浪费,防止失窃。
(11)根据客人需要重新配制酒水。
(12)指导下属员工做好各种准备工作。
(13)检查每日工作情况,如酒水存量;处理员工意外事故、新员工报到等事项。
(14)检查员工报到情况,安排人力,防止岗位缺人。
(15)分派下属员工工作。
(16)检查食品仓库的酒水存货状况。
(17)向上司提供合理化建议。
(18)处理客人投诉、调解员工纠纷。
(19)培训下属员工,根据员工表现作出鉴定。
(20)自己处理不了的事情及时转报上级。

4.酒吧调酒师

酒吧调酒师的岗位职责是:
(1)根据销售状况每月从食品仓库领取所需酒水。
(2)按每日营业需要从仓库领取酒杯、银器、棉织品、水果等物品。
(3)清洗酒杯及各种用具、擦亮酒杯、清理冰箱。
(4)清洁酒吧内的各种家具,拖抹地板。
(5)将清洗盘内的冰块加满以备营业需要。
(6)摆好各类酒水及所需用的饮品。
(7)准备各种装饰水果,如柠檬片、橙角等。
(8)将空瓶、罐送回管事部清洗。
(9)补充各种酒水。

(10)营业中为客人更换烟灰缸。

(11)从清洗间将干净的酒杯取回酒吧。

(12)将啤酒、白葡萄酒、香槟和果汁放入冰箱保存。

(13)在营业中保持酒吧的干净和整洁。

(14)把垃圾送到垃圾房。

(15)补充鲜榨果汁和浓缩果汁。

(16)准备白糖水以便调酒时使用。

(17)在宴会前准备好各类服务酒吧。

(18)供应各类酒水及调制鸡尾酒。

(19)使各项出品达到饭店的要求和标准。

(20)每日盘点酒水。

5.酒吧实习生

酒吧实习生的岗位职责是：

(1)每天按照提货单到食品仓库提货、取冰块、更换棉织品、补充器具。

(2)清理酒吧的设施，如冰柜、制冰机、工作台、清洗盘、冰车和酒吧的工具(搅拌机、量杯等)。

(3)经常清洁酒吧内的地板及所有用具。

(4)做好营业前的准备工作，如兑橙汁、将冰块装到冰盒里、切好柠檬片和橙角等。

(5)协助调酒师放好陈列的酒水。

(6)在酒吧领班和调酒师的指导下补充酒水。

(7)用干净的烟灰缸换下用过的烟灰缸并清洗干净。

(8)补充酒杯，工作空闲时用布擦亮酒杯。

(9)补充应冷冻的酒水到冰柜中，如啤酒、白葡萄酒、香槟及其他软饮料。

(10)保持酒吧的整洁、干净。

(11)清理垃圾并将客人用过的杯、碟送到清洗间。

(12)帮助调酒师清点存货。

(13)帮助调酒师在楼面摆设酒吧。

(14)熟悉各类酒水、各种杯子的特点及酒水价格。

(15)酒水入仓时，用干布或湿布抹干净所有的瓶子。

(16)摆好货架上的瓶装酒，并分类存放整齐。

(17)在酒吧领班或调酒师的指导下制作一些简单的饮品或鸡尾酒。

(18)整理、放好酒吧的各种表格。

(19)在营业繁忙时，帮助酒吧调酒师招呼客人。

6.酒吧服务员

酒吧服务员的岗位职责是：

(1)在酒吧范围内招呼客人。

(2)根据客人的要求填写酒水供应单，到酒吧取酒水，并负责取单据给客人结账。

(3)按客人的要求供应酒水，提供令客人满意而又恰当的服务。

(4)保持酒吧的整齐、清洁，包括开始营业前及客人离去后摆好台椅等。

(5)做好营业前的一切准备工作，准备咖啡杯、碟、点心(西点)、茶壶和杯等。

(6)协助放好陈列的酒水。

(7)补足酒杯，空闲时擦亮酒杯。

(8)用干净的烟灰缸换下用过的烟灰缸。

(9)清理垃圾及客人用过的杯、碟，并送到清洗部。

(10)熟悉各类酒水、各种杯子类型及酒水的价格。

(11)熟悉服务程序和要求。

(12)能用正确的英语与客人应答。

(13)营业繁忙时，协助调酒师制作各种饮品或鸡尾酒。

(14)协助调酒师清点存货，做好销售记录。

(15)协助填写酒吧用的各种表格。

(16)帮助调酒师、实习生补充酒水或搬运物品。

(17)清理酒吧内的设施，如台、椅、咖啡机、冰车和酒吧工具等。

以上是各职务的基本工作范围，各饭店的实际环境不同可按需要作补充。

(二)酒吧日常管理

1. 酒吧的人员配备与工作安排

(1)酒吧的人员配备

酒吧的人员配备根据两项原则，一是酒吧营业时间，二是营业状况。酒吧的营业时间多为上午11点至凌晨2点，上午客人很少到酒吧去喝酒的，下午时间客人也不多，从傍晚直至午夜是营业高峰时间。营业状况主要看每天的营业额及供应酒水的杯数，一般的主酒吧(座位在30个左右)每天可配备调酒师4～5人。酒廊或服务酒吧可按每50个座位每天配备调酒师2人，如果营业时间短，可相应减少人员配备。餐厅或咖啡厅每30个座位每天配备调酒师1人，营业状况繁忙时，可按每日供应100杯饮料配备调酒师1人的比例，如某酒吧每日供应饮料450杯，可配备调酒师5人，依此类推。

(2)酒吧工作安排

酒吧的工作安排是指按酒吧日工作量的多少来安排人员。通常上午时间只是开吧和领货，可以少安排人员；晚上营业繁忙，要多安排人员。在交接班时，上下班的人员必须有半小时至一小时的交接时间，以清点酒水和办理交接班手续。酒吧采取轮休制，节假日可取消休息，在生意清闲时补休。工作量特别大或营业超计划时可安排调酒员加班加点，同时给予足够的补偿。

2. 酒吧员工工作程序

(1)准时上班(19:30—第二天2:30)

①以换好制服为准，19:25站队(19:15之前打卡，生果房早班15:00之前打卡，晚班21:00之前打卡)。

②站队前检查自己的仪容仪表、精神面貌。

• 佩戴好工牌、工号、领结。

• 衣服要整洁，皮鞋要光亮，男生头发不过耳，女生头发要扎紧。

• 站队时不得东张西望、交头接耳，应双手背后，目视前方，昂首挺胸，等待经理或主管召开班前例会。

(2)班前例会

①点名:所有迟到、早退、例假、病假、事假、补假、旷工均以当日考勤为准,按公司规定处理。

②认真听取经理、主管当日的工作安排。

• 清楚自己当天的工作岗位和工作范围。

• 经理、主管会指出员工在工作中的不足,大家应认真听取,加以改进。

• 认真听取经理、主管提出的每一项新的工作要求并严格执行。

③班前例会是经理、主管跟员工沟通的重要时间,大家必须严肃认真,有任何建议及问题会上应及时提出。

(3)营业前准备工作

①认真做好营业前的一切准备工作是保证正常营业运作的重要部分。

②酒吧摆设。

• 工具摆设:工具摆设要合理,根据自己操作台的实际情况而定,要顺手可拿、方便取用。

• 杯具摆设:各类不同的杯具要分类摆放整齐、美观、实用,杯底最好垫上毛巾。

• 支头酒摆设:将所有酒品分类摆放在陈列柜、陈列架等显眼的位置,垫上杯垫,防止滑落。摆放要美观、有条理。

③开吧。

• 酒水盘点。例会后拿钥匙开锁,首先盘点酒水,盘查酒水数目是否与昨日留底相同,核对领料单与货物是否相符,有出入马上汇报。

• 设备检查。一进吧台首先检查所有设备是否正常工作(如冰机、雪柜、风柜、水柜),照明是否正常,杯具用具是否到位,不够马上补充。

• 原料准备。补充酒水饮料,切制配料和饰物(如橙角、柠檬片、车厘子等),检查菠萝汁、橙汁、糖浆、红糖水诸如此类的配料是否够用,不够马上开单领料。

• 吧台卫生。吧台应擦亮,陈列柜、酒柜、操作台应擦洗干净,杯具、酒类应用杯布擦干净,地面应拖洗、擦干,保证吧台无积水,检查有无不良气味,一切参照卫生操作标准。

• 工具的准备。准备好刀、砧板、调酒器、吧匙、扎壶、分酒器等,开酒器、火机、笔随身带,不要到需要使用时才发现没有,影响服务质量和出品的速度。

(4)营业中

①各项准备工作做好后,面带微笑,双手背后,昂首挺胸,以饱满的精神状态迎接第一位客人或第一张单的到来。

②迅速、准确、优雅地出品,认真遵守工作程序及规范工作。

③工作中动作潇洒,仪态优美,姿势干净利落。

④看清每一张单,绝对凭单出品,有任何疑难问题及时汇报主管予以解决,绝不能与客人或其他部门发生争执。

⑤与同事及传菜员有良好的配合和沟通,达到准确、快速地出品,任何情况下以出品为先。

⑥严格遵照酒谱要求规范出品,做到用料正确,用量精确,点缀、装饰合理优美。

⑦随时保持个人卫生和工作区域的卫生。

⑧注意成本控制,杜绝浪费。

⑨正确地使用礼貌用语服务宾客或与上司及同事打招呼。

• 见到客人问候"晚上好,欢迎光临"并微微鞠躬,不失时机地向客人推销公司的酒水,问"您要喝点什么"并跟进服务。

• 见到同事及上司问候“晚上好”并点头示意，不要叫同事绰号，在公司范围内不说粗话。

• 良好的素质修养和文明礼貌体现个人的工作态度，是作为一个服务行业工作人员的必备要素。

⑩维持酒吧的良好秩序。

• 不得招引与工作无关的人员进入吧台。

• 不与其他部门人员高声谈笑，不得在吧台内东倒西歪、挖鼻挠耳、做与工作无关之事。

• 不得偷吃、偷喝、偷拿、偷卖公司酒水，做违章舞弊之事。

• 保持良好的精神面貌，做好一天的工作。

⑪随时检查设备运转、吧台卫生、原料供应，保持货品、器具的供应。

⑫勤力、醒目、热情周到地招待宾客。

⑬调酒过程。调酒过程如下：

• 先按配方把所需用的酒水找出来。

• 准备好调酒所需的工具、酒杯、香料、装饰品。

• 调酒、制作、出品。

• 清理工作台面，将用完的酒水工具放回原处。

(5)收吧

①注意火灾隐患：查看各处有无烟头、热炉是否关掉、插座是否松动等。

②清洁酒吧：每天的收吧清洁工作很重要，一是保证酒吧无卫生死角、无积水、无不良气味；二是次日开吧也相对轻松。

③认真清点酒水及做好盘点表，开好次日营业所需货品领料单，并反复检查。

• 再次强调：每日收吧盘点极其重要，必须认真完成。

• 根据当日营业量开具领料单。

• 短缺任何物品及时汇报主管予以申购。

• 做完盘点表后签名，连同小票、领料单、电脑汇总、吧台锁匙一齐交给生果房，每星期日还要制作每周销售、领料一览表，连同过去一周的领料底单和汇总底单一起交到生果房。

④工作中有任何疑点、难点，及时与主管沟通，主管酌情予以解决。

⑤锁好陈列柜及酒水、工具，再次检查设备运转情况。

⑥各项工作确认检查无误，经主管检查确定后，写出当日工作日志交由当值主管，打卡下班。

(三)酒吧的质量管理

1. 每日工作检查表

每日工作检查表(Check List)用以检查酒吧每日工作状况及完成情况。可将酒吧每日的工作项目列成表格，还可根据酒吧实际情况列入维修设备、服务质量、每日例会、晚上收吧工作等。由每日值班的调酒师根据工作完成情况填写签名。

2. 酒吧的服务、供应

酒吧是否能够经营成功，除了本身的装修格调外，调酒师的服务质量和酒水的供应质量也很重要。服务要求礼貌周到、面带微笑，微笑的作用很大，不但能给客人以亲切感，而且能解决许多本来难以解决的麻烦事情。调酒师必须是训练有素的，对酒吧的工作、酒水牌的内容都要熟悉，操作熟练，能回答客人提出的有关酒吧及酒水牌的问题。酒吧服务要求热情主动，按服务程序去做。供应质量是一个关键，所有酒水都要严格按照配方要求，绝不可以任意取代或减少分量，更不能使用过期或变质的酒水。特别要留意果汁的保鲜时间，保鲜期一过便不能使用。所有汽水类饮料在开瓶(罐)两小时后都不能用以调制饮料，凡是不合格的饮品不能出售给客人，例如调制彩虹鸡尾酒，任何两层有相混情形时，都不能出售，要重新做一杯。这虽然浪费，但却是给客人以信心和为酒吧树立良好的声誉所必需的。

3. 工作报告

调酒员要完成每日工作报告。每日工作报告可登记在一本记录簿上，每日一页。其内容有四项，即营业额、客人人数、平均消费、突发事件及其处理。营业额可以看出酒吧当天的经营情况及盈亏情况。客人人数可看出酒吧座位的使用率与客人来源。平均消费可看出酒吧成本同营业额之间的关系以及营业人数的消费标准。酒吧里的突发事件也很多，经常有许多意想不到的情况，要记录上报；处理好要登记，有些需要报告上级的，要及时上报。

能力测验

在酒吧实训中以十人为一组，分别进行角色扮演，让每个人知道自己的工作流程和工作职责。教师对此进行评分，将结果填入表 3-4 中。

表 3-4 酒吧岗位职责实训考核表

考评内容	分数(分)	得分(分)
出勤	10	
服装、仪容仪表	10	
团队协作能力	10	
经理	10	
灵活应变能力	10	
副经理	10	
酒吧领班	10	
酒吧调酒师	10	
酒吧实习生	10	
酒吧服务员	10	

第四章

酒吧外语服务

一、实训操作

【实训项目】酒吧外语服务。

【实训要求】通过对酒吧外语服务的实训，使学生能以流利、正确的英文进行酒吧服务。

【评价标准】通过此项实训，使学生掌握酒吧常用英文单词，能够流畅地为外国客人进行酒吧各项服务。

二、基础知识

(一)酒吧常用词汇

1. 器具类

bar 酒吧
counter 吧台
bar chair 酒吧椅
barman 酒吧男招待
barmaid 酒吧女招待
bartender 调酒师；酒吧男服务员
bottle opener 开瓶刀
corkscrew 酒钻
ice shaver 削冰器
ice maker 制冰机
ice bucket 小冰桶
ice tongs 冰勺夹
ice scoop 冰勺
cocktail shaker 调酒器
pouring measure 量酒器
juice extractor 果汁榨汁机
electric blender 电动搅拌机

water jug 水壶
champagne bucket 香槟桶
enamelled cup 搪瓷杯
ceramic cup 陶瓷杯
straw 吸管
decanter 有玻璃塞的细颈酒瓶
mixing glass 调酒杯
beer mug 啤酒杯
champagne glass 香槟杯
measuring jug 量杯
wine glass 葡萄酒杯
brandy glass 白兰地杯
tumbler 平底无脚酒杯
goblet 高脚杯
tapering glass 圆锥形酒杯

2. 饮料类

mineral water 矿泉水
orange juice 橘子原汁
orangeade, orange squash 橘子水
lemon juice 柠檬原汁
lemonade 柠檬水
soda water 苏打水
coke, coca cola 可口可乐
pepsi cola 百事可乐
sprite 雪碧
milk shake 奶昔
milk tea 奶茶
fruit punch 果汁喷趣酒(清凉饮料)

3. 咖啡类

cappuccino 卡布其诺(咖啡混以或加上煮过的牛奶或奶油的浓咖啡)
coffee latte 拿铁咖啡
black coffee 黑咖啡
white coffee 牛奶咖啡
coffee with cream and sugar 加奶加糖的咖啡
plain coffee 纯咖啡
blue mountain 蓝山咖啡
mocha 摩卡
Viennese coffee 维也纳咖啡
Irish coffee 爱尔兰咖啡
decaffeinated coffee 无咖啡因的咖啡

mesdames coffee 贵夫人咖啡
espresso coffee 意大利特浓
4. 酒类
light beer 淡啤酒
draught beer 扎啤
rice wine 黄酒
appetizer 餐前葡萄酒
Martini 马提尼酒
gin 金酒
Gordon's gin 哥顿金酒
rum 朗姆酒
Bacardi 百加得
vodka 伏特加
Smirnoff 皇冠伏特加
whisky 威士忌
brandy 白兰地酒
Calvados 苹果白兰地酒
Bailey's 百利甜酒
Budweiser 百威啤酒
Foster's 福士啤酒
Beck's 贝克啤酒
Carlsbery 嘉士伯啤酒
Guinness 健力士啤酒
claret 红葡萄酒(法国波尔多地区生产的干红葡萄酒)
cider 苹果酒
champagne 香槟酒
cocktail 鸡尾酒
liqueur 白酒,烧酒
Bloody Mary 血腥玛丽
Tequila Sunrise 龙舌兰日出
gin tonic 金汤力
Pink Lady 红粉佳人
Gibson 吉布森鸡尾酒
Screwdriver 螺丝刀
Amaretto Sour 杏仁酸酒
Margarita 玛格丽特鸡尾酒
egg nog 蛋酒
Whisky Sour 威士忌酸酒
Gimlet 琴蕾
Grasshopper 绿色蚱蜢
Kir Royal 皇家基尔

(二)酒吧常用服务用语

1. Good morning(afternoon, evening), sir(madam). 早上好(下午、晚上好),先生(夫人)

2. How do you do? (—how do you do?)您好!

3. Hello(or hi)! 您好!

4. How is everything(with you)? (您的)一切都好吗?

5. How are you getting on(along)these days? 这几天过得怎么样?

6. How are you? (—Fine, thank you. And you?)您的身体好吗?

7. Glad (nice) to see you. 见到您很高兴。

8. Welcome to our hotel. 欢迎到我们的酒店来!

9. It's nice to meet you again, Mr. Johnson. 再次见到您太好了,约翰逊先生。

10. Good-bye. (or bye-bye)再见!

11. Good night. 晚安(晚间告别用)

12. Have a good rest. 祝您休息好!

13. See you later (tomorrow). 以后(明天)见!

14. Hope to see you again soon. 希望不久再见到您!

15. Have a good time. 祝您过得愉快!

16. We wish you a pleasant stay in our hotel. 愿您在我们饭店过得愉快!

17. Please don't leave anything behind. 请不要遗忘你的东西。

18. Mind (watch) your step! 请走好!

19. We wish you a pleasant journey. 祝您旅途愉快!

20. Have a nice trip! 一路平安!

21. All the best! 万事如意。

22. Take care! 多保重!

23. Good luck! 祝您好运!

24. Thank you(very much)! 谢谢您(非常感谢)。

25. Thanks a lot. 多谢。

26. Thank you for coming. 谢谢您的光临。

27. Thank you for staying in our hotel. 感谢您在我们饭店下榻。

28. I'm very grateful to you. 非常感谢您。

29. It's very kind of you. 谢谢,您真客气。

30. You are(most)welcome. 不用谢,不用客气。

31. Not at all. 不用谢。

32. Don't mention it. 不用谢。

33. My pleasure. (with pleasure)很高兴能为您服务。

34. Glad to be of service. 很高兴为您服务。

35. At your service. 乐意为您效劳。

36. I'm sorry. 很抱歉。

37. Excuse me. 对不起。

38. I'm terribly sorry. It's my fault. 非常抱歉，那是我的过错。
39. I'm awfully sorry for my carelessness. 对于我的粗心大意我非常抱歉。
40. Sorry to have kept you waiting. 对不起，让您久等了。
41. Sorry to interrupt you. 对不起，打扰了。
42. That's all right. 这没什么。
43. It doesn't matter. 没关系。
44. Never mind. 不要紧，没关系。
45. Let's forget it. 算了吧！
46. What can I do for you? 我能为您干点什么？
47. Can I help you? 我能为您干点什么？
48. Is there anything I can do for you? 有什么能为您效劳的吗？
49. Just a moment, please. 请稍等一下。
50. Don't worry about it 别担心。
51. I beg your pardon? (Pardon?)对不起，请再说一遍好吗？
52. You are wanted on the phone, Mr. Bellow. 贝罗先生，有您的电话。
53. Who is speaking, please? 请问您是谁？（电话用语）
54. I'll switch you to Room 1120. 我马上给您接 301 房间。
55. What number are you calling? 请问对方什么电话号码。
56. Who would you like to talk to? 请问受话人姓名？
57. Could you hold the line, please? 请(拿着话筒)稍等一会好吗？
58. Here are come letters for you. 这是您的信。
59. What a shame! 多可惜！
60. I'm sorry to hear that! 听到这事我很难过。
61. We are all sorry to hear of your illness. 听说您病了都很担心。
62. There, there, now try not to get too upset about it. 好啦，不要为这事太烦恼了。
63. I wish you good health. 祝您健康。
64. Let me wish you every success. 祝您一切顺利！
65. Happy New Year! 新年快乐！
66. Merry Christmas! 圣诞节快乐！
67. Happy birthday to you! 祝您生日快乐！
68. Congratulations! 祝贺您！（恭喜）
69. My hearty congratulations! 衷心祝贺您！
70. As you wish(or like)随您的便。
71. Certainly. 当然可以。
72. Of course. 当然可以。
73. Go ahead and do what you like. 干吧，你喜欢干什么就干什么。
74. I'm sorry, that's not allowed. 对不起，这是不允许的。
75. No, I'm afraid not. 不，恐怕不行。
76. Out of the question, I'm afraid. 恐怕不可能。
77. Walk straight ahead. 一直往前走。

78. Turn left(right). 往左(右)转。

79. Go upstairs(downstairs). 上(下)楼。

80. Take the lift to the third floor. 乘电梯到三楼。

81. The lifts are in the lobby near the main entrance. 电梯间在大厅靠大门外。

82. The bellman will show you the way to the banquet hall. 大堂服务员将领您去宴会厅。

83. There is a washroom at the end of the corridor. 洗手间在走廊尽头。

84. The post and cable service is opposite the bar. 邮电所在酒吧对面。

85. The bank is next to the shop. 银行在小卖部隔壁。

86. You can get your money changed at the cashier's desk. 你可以在收银处兑换钱。

87. How much would you like to change? 你要兑换多少呢?

88. The rates of exchange are on the board there. 兑换率写在那里的黑板上。

89. There are some local products on sale here. 这里出售一些地方特产。

90. It's sold by weight(yard, meter…)这个按重量(码,米……)计价出售。

91. Sorry, it's sold out. 对不起,卖完了。

92. How do you like this? 您看这个怎么样?

93. What about that one? 你看那个好吗?

94. Here is your change. 这是找您的钱。

95. Here is your receipt. 这是你的收据。

96. Air mail or ordinary mail? 是航空信还是平信?

97. An air mail letter for abroad is ＄1.60. 寄往国外的航空信需 1.60 元。

98. The travel agency in the hotel takes all kinds of booking. 饭店的旅行社代办各种预订票。

(三)情景对话

1. 情景一　W——Waiter; G——Guest

W: Good evening, sir.

G: Good evening.

W: May I help you?

G: Ah, yes, I'd like to have some drinks.

W: OK, sir, this way please. And are you go by yourself?

G: Just myself now.

W: OK, sir, how about this table?

G: Em.. No, I'd rather that one. Could I sit there?

W: Of course you can. Please follow me, sir.

G: Good.

W: Please sit down, sir. And here is our drink list, i'll come back to take your order after 5 minutes.

G: All right.

(5 Minutes Later.)

W:Sir,may I take your order now?

G:Sure.

W:What kind of drinks would you like to have?

G:Could I have some beer?

W:Of course! What kind of beer would you like?

G:Do you have Heineken?

W:Yes we have. And how many bottles would you like?

G:Two bottles are enough.

W:OK. Would you like anything else,sir? Such as some cocktail?

G:Cocktail? What kind of cocktail do you have?

W:We have Tequlia Sunrise,Blood Mary,Pink Lady,Magerat,Dry Martini and so on. Why don't you try the Dry Martini? It's our recommendation today.

G:Dry Martini? OK,I would like to try one.

W:OK,anything else,sir?

G:Yes,could you give me a glass of orange juice. My friend will come here later.

W:Sure. May I repeat your order now?

G:OK.

W:Sir,you order two bottles of Heineken,one Dry Martini,and a glass of orange juice,am I correct?

G:Yes,and is the orange juice fresh?

W:Yes,it's fresh.

G:Good,thank you.

W:My pleasure.

2.情景二 Julian——Client;Sam——Bartender

J:(Walk in.)

S: Hei, Julian. Long time no see.

J: Hello, How are you this day? Are you busy now?

S: Very well. En…, it just 7 o'clock, it's free now. What can I do for you?

J: Well, please give me one Bloody Marry.

S: Wow, it is very spicy, you didn't drink it before. You look very sad. Could you tell me what happen?

J: Oh, thanks for you care. I just a little tired, because today's work is too heavy.

S: Ok (give him a cup of water). I will make it for you soon. But I always suggest that you should have to go home and have a good rest after you drink it, ok?

J: Fine, thank you.

S: Ok, your Bloody Marry.

J: Thanks…Em , I fell a little light. Could you give double Vodka please.

S: Of course.

J: Thank you very much.

能力测验

两个人为一组,以酒吧为场景,编写服务对话。

第五章

酒吧财务管理

第一节 酒水成本及控制

一、实训操作

【实训项目】酒吧酒水成本及控制。

【实训要求】通过对酒吧服务职责岗位的实训，使学生懂得如何计算并通过适当方式控制酒水的成本。

【评价标准】通过此项实训，使学生能够正确的计算酒水成本，并懂得如何控制酒水的成本，以达到酒吧盈利的目的。

二、基础知识

(一)酒水成本的定义与构成

1. 酒水成本

酒水成本是指酒水在销售过程中的直接成本。酒水成本率是指成本与售价的比值，用酒水的进货价与销售价来确定，可以用百分比来计算。例如，可口可乐的零售价为每罐人民币 2 元，售价是 10 元的话，酒水的成本为 2 元，成本率为 20%。同样瓶装的酒水也可以用每杯的进价与售价来进行计算。

2. 酒水的售价

酒水的售价是在酒吧定出成本后确定的。每一个酒吧都要按照自身的装修格调和人员素质定出成本率，然后再计算酒水的销售价。计算时不能将每一种饮料进行单独计算，要分组计算，低价的酒水成本率可以低些，名贵的酒水成本率可以高些。

例如，计算果汁的售价与成本。酒吧常用的果汁有五种，即橙汁、柠檬汁、菠萝汁、西柚汁和番茄汁，在确定成本率为 25%以后，进价与售价见表 5-1。

表 5-1 酒吧果汁类饮品进价与售价表

项目(每杯)	进价(元)	售价(元)
橙汁	1.20	6.00
柠檬汁	1.20	6.00
菠萝汁	1.50	6.00
西柚汁	2.00	6.00
番茄汁	1.60	6.00
合计	7.50	30.00

选五种果汁各一杯,价格相加得 7.50 元,是果汁类的一组进价成本,按 25%成本率计,应卖 7.50÷0.25=30(元),30 元为 5 杯果汁的总销售额,所以每杯果汁的价格为 30÷5=6(元),这样制定价格既方便计算,又有利于营业,而且也方便记忆。

其他酒水的计算方法也相同,可将酒水单分为几类:流行名酒(包括一般牌子的烈性酒),名贵酒类(包括各种名贵烈性酒),各类威士忌、干邑白兰地和雅文邑白兰地,开胃酒,餐后甜酒,鸡尾酒和长饮,餐酒,啤酒,果汁,矿泉水和软饮;然后再进行分组计算出售价。

总的来说,酒水的成本是指酒水的进货价格,酒水的成本率是由各酒吧自行确定的,而售价则根据酒水的成本和成本率计算得出。

(二)酒水的成本控制

1. 酒水采购的控制

酒水采购的控制是指酒吧为收到最佳的经营效果,在保证酒吧有充足的、符合要求的酒水原料经营的前提下,控制酒水的购买数量、规格及价格。酒水采购的控制主要包括:

(1)选择合格的酒水采购员

选择合格的酒水采购员是酒吧经营和管理的重要内容。国际上的一些饭店和餐饮管理专家们认为,一个优秀的采购员可为企业节约 2%~3%的餐饮成本。不论是饭店统一采购酒水还是餐饮部指定采购员,合格的酒水采购员的标准应当是:

①熟悉酒水的品种、商标、产地、级别、年限、生产工艺、特点及存放时间;

②熟悉酒水市场、酒水销售渠道和酒水价格;

③了解本企业特点,了解酒吧经营的风格;

④遵守职业道德,诚信可靠。

(2)控制酒水采购的质量和价格

酒吧经营中的酒水质量和成本控制,都离不开酒水采购的质量控制,没有合格的酒水原料相当于成本控制的失败。因此,在控制酒水采购质量前应确定酒水标准采购规格。这种规格的内容必须包括品种、商标、产地、等级、外观、气味、酒精度、酒水原料、制作工艺、价格等,酒水标准采购规格确定后,应分送相关部门,这样可保证酒吧的酒水原料的质量和价格,以控制酒水的成本。

(3)控制酒水采购的时间和数量

酒水的采购时间和数量应当根据销售来定,酒吧的某些酒水销售量增加,其采购量必然增加。同时也要视酒吧的贮存空间和市场供应的方便程度而定。许多酒吧在日常经营中制定了酒水订货点采购量法，以保证酒水原料的销售及控制酒水采购的时间和数量。所谓酒水订货点采购量，也就是酒吧库存的最低贮存量，酒吧管理人员或酒吧仓库保管员通过计算酒水盘存记录发现酒水的库存数量达到酒吧规定的最低贮存量标准时，应通知酒水采购员，采购员应立即按照酒吧规定的库存标准数量，按品种、质量和规格要求进行采购。这种方法可以有效地控制酒水的采购时间和数量，以避免酒水库存量过高，从而控制酒吧的酒水成本。

(4)控制酒水的采购程序

酒水采购程序是酒吧为酒水采购工作制定的工作程序，它是酒吧成本控制的重要内容。它规定了由哪个部门、哪个人提出酒水采购申请，由哪些管理人员批准酒水采购计划，由哪个部门、哪个人具体采购酒水，由哪个部门、哪个人来负责验收酒水。每个企业的酒水采购工作都有不同的模式。通常，由酒水贮存管理人员根据仓库酒水的库存情况提出酒水采购申请，再由酒吧经理、采购部经理等主管部门领导批准，由负责采购酒水的人员根据酒水采购申请单中所列明的品种、规格和数量进行采购，之后由仓库验收员对酒水质量、价格和数量进行验收，最后由财务部主管人员审查后将货款付给供应商。

(5)选择确定采购价格

为了有效地控制酒水的成本，饭店和餐饮业都非常重视酒水的采购价格。通常，企业至少要取得三家供应商报价，通过与供应商谈判价格后，在同质条件下选择最低价的供应商。

2.酒水验收的控制

酒水验收的控制是仓库验收员等对所采购酒水的品名、数量、规格及酒水价格的控制和管理。它可防止供应商发送超过订购数量的酒水，或发送高于订购单所列的规格、品种的酒水，从而控制酒吧的成本。

(1)配备优秀的验收员

验收酒水的第一个关键点是配备合格的验收员。一个优秀的验收员应当具备酒水知识、了解酒水采购规格、熟悉财务制度，并且认真地按照企业规定的验收程序以及酒水规格、数量和价格进行验收。通常，酒水验收员不应当由采购员、调酒师或酒吧经理兼任，而应当由仓库保管员兼任，较大型的企业可以设专职验收员，专职验收员应归属于财务部。

(2)制定严格的验收程序和验收标准。

控制酒水采购的工作除了要选择优秀的验收员之外，更重要的是制定验收程序和验收标准。验收员在验收酒水时应检查发货单上的酒水名称、数量、产地、级别、年限、价格是否与订购单上的一致。与此同时，再检查供应商实际送来的酒水名称、数量、产地、级别、年限是否与发货单上的相同。这就是酒水验收控制中的"三相同"，即发货单、订购单与实物三者相同。

在酒水验收控制中，对酒水价格与酒水数量的验收是酒吧成本控制的关键，因为某些供应商常采用多发送货物(发送的酒水的数量超过订购的数量)或发送的酒水规格高于订单上的规格以扩大其销售额，从而造成酒吧成本失控。酒水验收员在每次酒水验收后，都要填写酒水验收单，并且在酒水发货单后盖上验收合格章，财务人员根据验收合格的发货单付给供应商货款。

3.酒水贮存的控制

酒水贮存的控制是酒吧成本控制的重要内容之一。酒水贮存控制的实质是：

(1)科学合理地贮存各种酒水，防止酒水变质或丢失，从而控制酒吧的成本。

(2)做好存货控制。酒水存货记录一般由酒水会计师保管,而不由酒吧管理员或酒吧招待员保管。酒水会计师在每次进货或发料时做好记录,反映存货的增减情况。这种记录作为永续盘存记录,是酒水存货控制体系中不可缺少的一个部分。

酒吧可使用卡片式永续盘存表(见表5-2),也可使用装订成册的永续盘存记录簿。

表 5-2　永续盘存表

代号________________　　每瓶容量________________

项目________________　　单位成本________________　　标准存货____________

日期	收入	发出 1	发出 2	结余

存货中的每种酒水都应有一张永续盘存表。如果使用代号,永续盘存表应按代号数字顺序排列。收入数根据验收日报表或贴在验收日报表上的发货单填写,发出数则根据领料单填写。

使用永续盘存表,可明确记录给各个酒吧间发料的数量,对查明瓶酒的短缺极为重要,同时也保证了存货的安全。

保存永续盘存表,管理人员只需随时抽查存货的数量,就能发现酒水是否有短缺。通常,管理人员每隔数日抽查一次。如果存货记录数量与实际数量不同,应立即通过调查查明原因。

每月月末,管理人员应在酒水保管员的协助之下实地盘点存货。月末存货数量通常记入存货账簿。将记入各类酒水的数量乘以单价,即可确定各类酒水存货数额。将实地盘存结果与永续盘存表中的记录进行比较,有助于发现差异。如果两者存在着差异,应立即调查原因。若差异是由盘点错误或永续盘存表记录错误引起的,这些簿记的错误就很容易改正;如果差异不是由这些原因引起的,则数量短缺很可能是失窃导致的。

4. 酒水发放的控制

经过验收进入仓库的酒水应全部登记入册,其采购金额也随之成为酒水库存金额,因此酒水的发放控制是酒水成本控制的又一个关键点。酒吧为了合理地使用各种酒水,避免酒水的丢失和浪费,应制定一系列酒水发放的程序和标准,并在实际发放工作中严格遵照这个程序和标准,我们称之为酒水发放控制。通常,酒水发放制度规定,仓库管理员发放任何酒水都必须根据酒水领料单,而且还规定酒水领料单必须由酒吧负责人签字后才能生效。许多酒吧还规定了酒水标准领取数量。

5. 销售成本的控制

(1)增强成本观念,实行全员成本管理

酒水的浪费现象在各酒吧都普遍存在。例如,酒吧服务员在打扎啤酒时由于泡沫过多整扎啤酒都倒掉造成浪费;酒吧服务员在开工前和12点后偷喝酒水的现象;员工间以物品交换酒水的现象。其原因在于员工没有成本控制的责任心,而是将成本控制当作是管理层的任务,甚至在销售时克扣客人的酒水或以冰水代替酒水造成产品质量下降。

要解决这一问题，首先应通过员工培训提高广大员工对成本管理的认识。对全体员工进行成本意识的宣传教育，培养全员成本意识，变少数人的成本管理为全员的参与管理。其次，改变传统的“固定工资∶变动工资=8∶2”的工资结构为大比例的变动工资结构，将降低成本作为工资评定的标准之一，并在员工行为规范中引入一种内在约束与激励机制，强调人性的自我激励，在酒吧内部形成员工的民主和自主管理意识。改变酒吧常用的靠惩罚、奖励实施外在约束与激励的机制，实现自主管理，这既是一种代价最低的成本管理方式，也是最有效的管理方式。

(2)运用盘存表来加强管理

盘存表的填写方法是，调酒员每天上班时按照表中品名逐项盘存，填写存货基数，营业结束前统计当班销售情况，填写售出数，再检查有无内部调拨，若有则填上相应的数字，最后，用“基数+调进数+领进数-调出数-售出数=实际盘存数”的方法计算出实际盘存数填入表中，并将此数据与酒吧存货数进行核对，以确保账物相符。酒水领货按惯例一般每天一次，此项可根据酒吧实际情况列入相应的班次。管理人员必须经常不定期检查盘点表中的数量是否与实际贮存量相符，如有出入应及时检查、及时纠正，减少损失。

(3)丰富标准配方内容

各个酒吧的酒水销售都有标准配方作为依据。标准配方可以控制成本和保证产品的质量。标准配方不仅要包括产品的配方、装饰、载杯，还应包括服务时间、标准颜色、口感和表演方式。服务时间主要指酒水的制作时间，酒水中果汁会与空气接触而改变口感，影响质量。标准颜色主要来自果汁、糖浆和利口酒，通过颜色可以检验酒水的质量。表演方式可以增加客人的购买欲望。

(4)酒嘴的使用

酒吧里都有一种卡在酒瓶上的酒嘴，但除了美式酒吧在花式调酒时使用外，其他酒吧很少使用。酒嘴的使用不但可以稳定流量、减少损失，还可以减轻调酒员的紧张情绪，可以提高服务速度。

三、能力测验

随意给出一款鸡尾酒，根据原料进价单核算成本。

第二节　收银结账

一、实训操作

【实训项目】酒吧收银结账。

【实训要求】通过对酒吧收银结账的实训，使学生了解收银结账的步骤及其注意事项。

【评价标准】通过此项实训，使学生能熟练地进行酒吧的收银与结账。

二、基础知识

(一)酒吧收银结账

酒吧收银员是指在酒吧收取现金、支票、信用卡等,为顾客开具发票并对本收银台当班销售额进行核算的人员。其从事的主要工作包括:(1)收取现金、支票、信用卡;(2)为顾客提供销售小票和发票;(3)对本收银台当班销售收入进行核算。

作为一名合格的酒吧收银员,应有友善和蔼的服务态度,认真处理顾客的投诉,并且熟练掌握收银工作技能,具有识别伪钞的能力。

1.收银的准备工作

一个良好的收银员应在每天开始工作前10分钟,做好以下几项准备工作:

(1)检查POS机是否正常,打印纸是否充足;

(2)准备好收银所需的所有用具;

(3)准备好足够的零钱。

2.收银员工作纪律规范

(1)严格履行交接手续。交接班时要与关系责任人当面清点发票、款项、钥匙。需要办理交接表手续时,需按要求准确填写并签字。

(2)专人负责,严禁离岗。收银工作必须由指定的专人负责,不得交给与收银工作无正式责任关系的其他人代管。严禁收银员在工作时间内擅自离开工作岗位。

(3)账款、账实每笔相符。规范的收银工作不得出现丝毫差错,每笔收银账目与收入款项必须相符,错账、长短款必须立即查明原因。

(4)先收后付,禁止交叉。收银员的收款程序应为:先接受顾客交付的款项或先平整单据,待结算完毕后将需要付给顾客的找零和票据一次付清,不得先付出后收取,避免跑账。收银员不得同时处理两笔账务,以免混淆不同的账务给顾客与自己带来不必要的麻烦。

(5)严格汇报总结制度。出现错误应及时汇报,迅速处理,认真总结,并制定补救或改正措施,以防后患。

(6)公私分明,廉洁守法。个人钱财不得与公款混放,收银多款不得私吞,不得私借、贪污收银款项,不涂改、销毁收银凭证。

(7)临危不惧,以稳治乱。遇到意外事件时应尽量做到自身冷静、迅速报警、争取援助,与坏人周旋、斗智斗勇,以确保收银款项与凭证完整无缺。

(8)简洁环境,防止火灾。收银环境应尽量简洁,收银员不得将与收银工作无关的物品带入或存放于收银环境内。收银员应随时注意打扫收银环境,不得随意丢弃废纸、废物;严禁将纸质物品放在电器上,以防火灾隐患。如果发现顾客在附近吸烟时,收银员有责任及时劝阻,或告知其到允许吸烟的地方吸烟;顾客当场熄灭香烟时,收银员要注意烟灰、烟蒂的处理方式,以防顾客乱丢引发火灾。

(9)规范服务,礼貌待客。收银员应依照工作程序和要求提供服务,对待结账或询问的顾客都要主动热情,礼貌待客,微笑服务,必要时应提供帮助。任何时候都不得敷衍、命令顾客。

3.收银台每日工作程序

(1)查锁。检查收银台锁有无被他人动过的迹象，如有被破坏的痕迹不得乱动，要注意保护现场，立即向上级汇报。

(2)备零钱。每天开业前，收银员应备足当天所需现金或零钱，在营业时间内不应出现找不开钱的情况。

(3)备单据。开业前收银员应将本班次所需要的单据，如发票、开发票用的复写纸等准备充足。

(4)备收银用具。开业前收银员应将当日收银所需用具准备妥当，包括给印盒添印油、更换当天收讫章日期、备好顾客用笔、海绵壶充水，检查打印机内打印纸的余量等。

(5)检查收银机。检查收银机、电话、电线等的通电和运行是否正常。

(6)检查环境。包括照明灯光、环境卫生等。

(7)营业接待：

①站立收银台一侧，迎接第一位消费客人的光临；

②使用敬语，唱收唱付，规范操作。

(8)交接班：

①做到账目清楚、钱款清楚、晨会内容清楚。

②遇接班人员未到岗时，不得随意离岗，由收银中心安排接替人员后才能离开。

(9)营业结束准备。核对购货单、电脑单等有效票据并清点现金，仔细填写现金封包单和内部交款单后送至规定的存放地点。

(10)送客：在打烊的广播提示声后，如果已经完成结账交款工作，应面向主通道，站姿标准，面带微笑，向顾客致欢送礼。

(11)清场签退。进行安全检查，检查收银用具、收银台抽屉、电源开关等。

4.服务接待程序

(1)接待顾客标准：

①坐姿标准，精神饱满；

②表情自然，目光温和，微笑亲切；

③耐心了解顾客需求，努力帮助顾客解决问题，并耐心回答顾客的询问。

2.接待顾客要求：

①顾客临柜时面带笑容，使用敬语，复核三联购货单，唱收唱付，加盖收讫章和本人私章后将购货单(二联)及电脑小票一并递交顾客，同时对顾客表示谢意；

②在接待顾客时，不得边打私人电话边收款；

③上班时间不在营业场地大声喧哗或嬉笑，不得与营业员或熟人扎堆聊天，不得看书看报、吃零食等；

④遇到顾客要求更换付款方式时，必须耐心接待；

⑤不得因无零钱而拒收或让顾客自己兑换零钱；

⑥不得在顾客面前议论或取笑其他顾客；

⑦遇结账或交接班时，如有顾客付款，必须先接待顾客，后进行结账或交接；

⑧当顾客有疑虑或提出询问时，不应简单地对顾客说“不知道”“你去问别人”等，应积极帮助顾客解决问题；

⑨遇顾客投诉时应耐心接待，并及时交予酒吧经理处理。

三、能力测验

对学生进行分组，一组两人，分别扮演顾客和收银员，模拟操作收银技巧和收银服务礼仪。教师对学生表现进行评分，将结果填入表5-3中。

表5-3 收银服务考核标准

考评内容	分数（分）	得分（分）
出勤	10	
服装、仪容仪表	10	
服务用语	10	
收银流程	10	
收钱	10	
找零	10	
送客	10	
单据处理	20	
灵活应变能力	10	

第六章

酒吧后台质量控制

第一节　酒吧后台运作及管理

一、实训操作

【实训项目】酒吧后台运作及管理。

【实训要求】让学生了解后台在运行和管理过程中的注意事项，避免突发事情的发生。

【评价标准】在后台操作中，厨房实训人员能通力配合，完成菜肴的出品。

二、基础知识

(一)厨房管理原则

任何一家经营场所，如果没有严格的管理制度，都很难持续经营，酒吧也不例外。酒吧厨房中若没有严格的管理制度，厨房工作人员可能会没有秩序，因此，需要制定严格的管理制度。下面就着重介绍厨房管理的一些原则。

原则一：必须符合厨房生产流程的原则。遵循这一原则的目的是要让员工的工作简单化，从而节省出品时间。

原则二：坚持生熟分开的原则。为了有效防止食品加工过程中出现的交叉污染事故，对熟食的加工要做到五专，即专人操作，专用的操作间，专用工具，专用的储藏设备，专用的消毒设备、设施。

原则三：卫生和安全原则。厨房设计不仅要选好恰当的地理位置，而且要从卫生和安全的角度来考虑。

原则四：其布局要便于操作。厨房生产时噪声较大，如果机械设备布局不妥，就会加重厨房的噪声。设备的安放要便于使用、便于清洁、便于维修和保养。厨房的设施必须根据饭店的总体规划进行设计布局，有利于饭店实施高标准的卫生、安全、防火措施。

(二)酒吧出菜的注意事项

(1)酒吧厨房中的案板切配人员负有随时接受和核对菜单的责任。点菜单必须写有该桌的桌号、菜肴的名称和数量。

(2)厨房中的配菜岗位凭点菜单按规格及时、准确配料,并按先接单先配、紧急情况先配、特殊菜肴先配的原则办理,保证及时上火烹制。

(3)厨房中负责排菜工作的人员应当注意在排菜的时候要先后有序、准确及时、菜肴与餐具相符、成菜及时送至备餐间、提醒传菜取走。

(4)酒吧中的菜品在出菜时要注意把握时间,通常规定从接受订单到第一道热菜出品不得超过 10 分钟,冷菜不得超过 5 分钟。这样做的目的一方面是避免客人因等待时间过长而投诉,另一方面是为了提高员工的工作效率。

(5)厨房中所有出品菜单必须妥善保存,防止丢失单据给酒吧带来不必要的损失,所有单据需要由厨房中的厨师长亲自审核。

(6)酒吧厨房中的炉灶岗对所定菜肴要及时烹制,对所配材料的规格、质量有疑问者,要及时向杂板切配岗提出,并妥善处理,以避免客人投诉,造成酒吧经济损失。

酒吧厨房中的厨师长有权对厨房中所有菜品的手续和菜品质量进行检查,当发现手续不全或者菜品质量不合格的应退回并追究相关人员责任。

三、能力测验

对学生进行分组,每四人一组,在厨房实训过程中模拟从接受点菜单到菜肴出品的整个过程。

第二节　酒吧卫生管理

一、实训操作

【实训项目】酒吧卫生管理。

【实训要求】酒吧实训人员了解酒吧卫生管理的重要性。

【评价标准】所有酒吧实训人员都符合酒吧卫生管理制度中关于个人和实训岗位的卫生要求。

二、基础知识

(一)员工个人卫生方面的要求

(1)酒吧中的所有员工要做到勤洗澡、勤换衣、勤洗头发，不能有头屑，身体不能有异味。

(2)酒吧给员工发放的工作服要勤洗、勤换，不得有油渍、皱痕和异味。

(二)区域卫生管理方面的要求

(1)每一名员工都要保证自己所负责的区域地面无杂物，并且要确保该区域的桌椅按要求摆放整齐；

(2)酒吧中所有的桌面无油渍、无尘灰；

(3)酒吧中所有的餐具无破损、无油渍、无灰尘、无水滴、无茶渍，酒吧中所有的餐具必须消毒，做到让客人用得放心；

(4)酒吧中员工的工作台要保持干净整齐，工作台上所有物品的摆放要符合相关管理规定；

(5)严禁任何人在酒吧中随意扔果皮纸屑，并且严禁随地吐痰，员工发现自己所负责的区域内有垃圾时要随手捡拾；

(6)酒吧中的门窗、墙壁要保持光亮，无灰尘，无油渍，无蜘蛛网。

酒吧中的员工凡是违反以上酒吧卫生管理制度条例内容的，视情节轻重给予一定的处罚。

三、能力测验

把学生按岗位分组，相互检查所辖区域卫生。

表 6-1　酒吧卫生管理考核标准

考评内容	分数(分)	得分(分)
出勤	10	
个人卫生	40	
区域卫生	40	
合作协调能力	10	

提升篇

第七章

酒吧人力资源管理实训

第一节　酒吧人员招聘

一、实训操作

【实训项目】酒吧人员招聘。

【实训要求】熟悉酒吧员工招聘的方法，掌握员工培训的意义。

【评价标准】能按照酒吧要求招聘到合适的员工并开展有针对性的培训。

二、基础知识

(一)酒吧员工招聘与录用

1. 员工招聘

在招聘员工之前，首先要对酒吧各职位工作进行分析，弄清酒吧中的职务划分，确定独立完成这些工作所需要的资格、条件等，以及为保证酒吧正常营运所需要的从业人员的数量；在分析时还应考虑到酒吧经营规模的扩大和缩小的可能。其次要决定招聘的方式，招聘有内部招聘和外部招聘两种方式。

(1)内部招聘

在填补职位空缺，尤其是填补那些可以使部分员工得到晋升的空缺职位时，首先应提拔酒吧内原有的员工。招聘新员工担任老员工的主管会有许多不利的影响。首先，新员工不如老员工熟悉酒吧的情况，不能立即有效地投入工作中；其次，如果老员工所抱的晋升希望破灭，他们就会离职而去，或者在工作中发泄不满。

因此，在酒吧内有空缺的职位，特别是那些非常明显的、条件优越的职位空缺时，最好是在员工通知栏内公布，以便各部门推荐人员或鼓励员工毛遂自荐。

(2)对外招聘

如果现有员工没有合适人选，或酒吧内员工无人应征某一空缺职位，下一步就要向社会招聘。招聘的渠道多种多样，包括委托招聘、内部员工推荐、发布招聘广告等。

①委托招聘

有的酒吧为了节省招聘费用和时间，委托职业介绍所、培训中心或职业学校等单位代理招聘。

②内部员工推荐

这是一种特殊的招聘方法，具体操作方式为：各部门将职位空缺情况及时报给人力资源部，人力资源部在酒吧内员工都能看到的地方开辟专栏随时公布，鼓励内部员工推荐合适的人才。由于在职员工对其所推荐的应征人员已经有些了解，所以应聘者的录用效率比较高，酒吧也不需花费广告费。

③发布招聘广告

发布招聘广告的方式有：在报刊上、人才招聘网站上登招聘广告，在酒吧附近张贴招聘广告。在酒吧附近或街区的广告栏中张贴广告可以吸引一般过路人的注意力，应聘者可以随时前来面谈，但一般只适合于招聘兼职或非技术性的员工。

2. 员工录用

这是酒吧员工招聘的最后一个工作环节。这一环节包括以下四项工作：

(1)确定录用名单

就是把多种考核和测试的结果相结合，确定最适合职位要求的员工名单，并发出录用通知书。

(2)签订劳动合同

与被录用员工签订劳动合同。在劳动合同上要明文规定试用期和用工期及相应的待遇，还要明确双方的责任、权利和义务。

(3)岗前教育

上岗前教育的目的是让新员工明确酒吧的经营宗旨，熟悉各项管理制度，适应新的工作环境。

(4)试用与安置

新员工进来后，应规定一段时间的试用期。试用的目的是考察新员工的体力、智力、知识、技能等与新的职位是否相适应。试用期不合格的可以不予聘用，而试用期合格的人员办理正式聘用手续并妥善安排，使人与事达到最佳配合。

(二)员工培训

1. 培训的目的

培训是酒吧管理的一项基本功能，可以说是酒吧最有效、最有价值的工具。培训的目的在于使员工掌握某种特殊工作需要的知识与技能，从而使酒吧的整体目标在每一位员工的工作中一一实现。

要想使酒吧的经营合理化、规范化，酒吧的管理人员就必须对酒吧自身组织机构、设施设备、资金成本、技术方法、员工及人际关系等各因素加以协调，只有在这些因素之间的关系相互均衡的情况下，各因素之间才能构成一个有机的整体，并发挥出最大功效。

要想提高员工的劳动生产率、劳动能力，酒吧的组织机构就必须对酒吧员工进行有计划的培训，进一步挖掘员工的潜力，发挥员工的积极性，从而达到最终目标。

2. 培训的作用

具体来说，良好的培训有以下作用：

(1)降低无谓的损失及浪费

对设备性能与工作程序不了解的员工常常会损坏设备的零部件或造成材料的浪费,也可能由于服务的不礼貌或对客人态度不佳而影响酒吧的声誉,通过培训可以使上述现象大大减少。

(2)改善工作方法

员工的使用配备应以合理经济为原则,把复杂的工作过程加以简化。通过培训让员工熟悉、掌握工作技能,可以提高工作效率、充实工作内容。

(3)减少员工流失

培训可以让员工对酒吧及各部门工作加深认识,协调各部门间的关系,从而促进改善员工关系。

(4)减轻管理人员负担

员工经过培训后,对自己的工作更加熟练,工作水平随之提高,因而管理人员无论在监督工作方面还是指导工作方面,都可相应地减轻负担。

(5)减少时间的浪费

培训能够提高员工的劳动生产率,从而提高时间的使用率。

(6)减少设备维修开支

熟悉操作规格的员工能够按照正常规则操作各种设施设备,意外事故的发生率可大大降低。

(7)改善酒吧的产品和服务品质

培训可以培养素质良好的员工,从而使酒吧的产品品质与服务水平得到保证及提高。

(8)提高员工的士气

员工通过培训可以学习到许多方面的知识,能够掌握各式各样的技巧,对工作更加熟悉,员工的自信心自然得以增强。

3.培训的对象与时机

酒吧除按照规定对员工进行培训以外,如果在经营过程中出现下列现象的话,也需要及时进行培训。

(1)招聘新员工。新员工只有在接受职前教育及职位培训并经考试合格后,才能够被接收为酒吧的正式员工。

(2)工作表现未能达到酒吧的要求。员工工作水平下降,客人表示不满的情形增多,都说明员工的工作表现不符合酒吧的要求,应及时组织培训。

(3)工作标准与服务品质改变。当酒吧之间开始产生竞争或竞争加剧,或者酒吧层次提高时,需要对酒吧的员工进行全面的培训,从整体上提高工作效率、提升服务品质。

(4)酒吧经常接到投诉。每个酒吧都不可能做到没有投诉,但经常出现的投诉或对某一问题处理的重复性投诉,都表示员工的工作品质或酒吧的产品品质有待提高。

(5)工作方法或程序发生改变。只有将新的工作方法与程序教给了员工,员工才有可能对这些新的工作方法与程序加以掌握。

(6)员工的调动或晋升。无论是调换工作岗位还是晋升,员工在从事新的工作之前必须经过培训。

(7)浪费及损坏时间增加。这可能说明员工不按操作程序进行工作,也可能说明员工的责任心有所下降,无论哪一种情况均需进行培训。

(8)成本增加,利润反而下降。导致成本增加的一个主要原因是工作效率下降,也说明员工工作水平降低。

(9)员工需要经常加班,员工投诉工作分配不合理。这种情况说明员工的使用和配备有可能不合理,需要进行组织调整。

(10)引进新的技术设备。引进设备、提供新产品的目的是提高酒吧的品质水平,与其相配合,员工必须接受适当的培训以了解和使用新的设备。

三、能力测验

1. 简述酒吧员工招聘的途径。

2. 酒吧培训的意义。

3. 以五人为一组模拟招聘,2 人为招聘者,3 人为应聘者,根据规范填写招聘表格,如表 7-1、表 7-2、表 7-3、表 7-4 所示。

表 7-1、表 7-2、表 7-3、表 7-4 为国际著名饭店连锁集团人力资源部使用的招聘表格,酒店人力资源部职员填写表 7-1、表 7-2,应聘者填写表 7-3、表 7-4。人力资源部对应聘者的现场表现并结合面试岗位需求给出相应分数,最后确定录取人员。

表 7-1　招聘申请书

申请日期　　年　　月　　日

申请部门				申请日期	需要日期	拟选择日期	拟选择方式	所需条件			工作内容	增补理由	批示情形
名称	编制人数	现有人数	拟增补人数					性别	年龄	学历经历			

表 7-2　面谈考评用表

考评项目	评定尺度	计分	备考
仪容、态度	14　12　10　8　6		
一般常识	14　12　10　8　6		
专业常识	14　12　10　8　6		
创造、创新力	14　12　10　8　6		
诚实、协调	14　12　10　8　6		
领导能力	14　12　10　8　6		
表达力	14　12　10　8　6		
人品、性格	14　12　10　8　6		
总计	14　12　10　8　6		
综合评语	评语分为 A、B、C 三等，每等又可以分为上下两级		0～64→C 65～95→B 96～112→A

表 7-3　九型人格与管理诊断素质测试题

这个测试可能会耽误您的一段时间，但通过该测试我们将会更好地了解您，请您按您的真实想法认真完成，不要有任何顾虑，共 108 道题目(限时 20 分钟)请选择您认为正确的题目，并累计 1～9 号的数量计入答题卡中。

9 □ 1. 我很容易迷惑。

1 □ 2. 我不想成为一个喜欢批评的人，但很难做到。

5 □ 3. 我喜欢研究宇宙的道理、哲理。

7 □ 4. 我很注意自己是否年轻，因为那是找乐子的本钱。

8 □ 5. 我喜欢独立自主，一切都靠自己。

2 □ 6. 当我有困难时，我会试着不让人知道。

4 □ 7. 被人误解对我而言是一件十分痛苦的事。

2 □ 8. 施比受会给我更大的满足感。

6 □ 9. 我常常设想最糟的结果而使自己陷入苦恼中。

6 □ 10. 我常常试探或考验朋友、伴侣的忠诚。

8 □ 11. 我看不起那些不像我一样坚强的人，有时我会用种种方式羞辱他们。

9 □ 12. 身体上的舒适对我非常重要。

4 □ 13. 我能触碰生活中的悲伤和不幸。

1 □ 14. 别人不能完成他的分内事，会令我失望和愤怒。

9 □ 15. 我时常推延问题、不去解决。

7 □ 16. 我喜欢戏剧性、多姿多彩的生活。

续表

4	□	17. 我认为自己非常不完善。
7	□	18. 我对感官的需求特别强烈，喜欢美食、服装、身体的触觉刺激，并纵情享乐。
5	□	19. 当别人请教我一些问题，我会分析得很清楚。
3	□	20. 我习惯推销自己，从不觉得难为情。
7	□	21. 有时我会放纵和做出僭越的事。
2	□	22. 帮助不到别人会让我觉得痛苦。
5	□	23. 我不喜欢人家问我广泛、笼统的问题。
8	□	24. 在某方面我有放纵的倾向（例如食物、药物等）。
9	□	25. 我宁愿适应别人，包括我的伴侣，而不会反抗他们。
6	□	26. 我最不喜欢的一件事就是虚伪。
8	□	27. 我知错能改，但由于执著好强，周围的人还是感觉到压力。
7	□	28. 我常觉得很多事情都很好玩、很有趣，人生真是快乐。
6	□	29. 我有时很欣赏自己充满权威，有时却又优柔寡断，依赖别人。
2	□	30. 我习惯付出多于接受。
6	□	31. 面对威胁时，我一是变得焦虑，一是对抗迎面而来的危险。
5	□	32. 我通常是等别人来接近我，而不是我去接近他们。
3	□	33. 我喜欢当主角，希望得到大家的注意。
9	□	34. 别人批评我，我也不会回应和辩解，因为我不想发生任何争执与冲突。
6	□	35. 我有时期待别人的指导，有时却忽略别人的忠告径直去做我想做的事。
9	□	36. 我经常忘记自己的需要。
6	□	37. 在重大危机中，我通常能克服我对自己的质疑和内心的焦虑。
3	□	38. 我是一个天生的推销员，说服别人对我来说是一件轻易的事。
9	□	39. 我不相信一个我一直都无法了解的人。
8	□	40. 我爱依惯例行事，不大喜欢改变。
9	□	41. 我很在乎家人，在家中表现得忠诚和包容。
5	□	42. 我被动而优柔寡断。
5	□	43. 我很有包容力，彬彬有礼，但跟人的感情互动不深。
8	□	44. 我沉默寡言，好像不会关心别人似的。
6	□	45. 当沉浸在工作或我擅长的领域时，别人会觉得我冷酷无情。
6	□	46. 我常常保持警惕。
5	□	47. 我不喜欢要对人尽义务的感觉。

续表

5 □ 48. 如果不能完美地表态，我宁愿不说。
7 □ 49. 我的计划比我实际完成的还要多。
8 □ 50. 我野心勃勃，喜欢挑战和登上高峰的体验。
5 □ 51. 我倾向于独断专行并自己解决问题。
4 □ 52. 我很多时候感到被遗弃。
4 □ 53. 我常常表现得十分忧郁的样子，充满痛苦而且内向。
4 □ 54. 初见陌生人时，我会表现得很冷漠、高傲。
1 □ 55. 我的面部表情严肃而生硬。
4 □ 56. 我很飘忽，常常不知自己下一刻想要什么。
1 □ 57. 我常对自己挑剔，期望不断改善自己的缺点，以成为一个完美的人。
4 □ 58. 我感受特别深刻，并怀疑那些总是很快乐的人。
3 □ 59. 我做事有效率，也会找捷径，模仿力强。
1 □ 60. 我讲理、重实用。
4 □ 61. 我有很强的创造天分和想象力，喜欢将事情重新整合。
9 □ 62. 我不要求得到很多的注意力。
1 □ 63. 我喜欢每件事都井然有序，但别人会认为我过分执著。
4 □ 64. 我渴望拥有完美的心灵伴侣。
3 □ 65. 我常夸耀自己，对自己的能力十分有信心。
8 □ 66. 如果周遭的人行为太过分时，我准会让他难堪。
3 □ 67. 我外向、精力充沛，喜欢不断追求成就，这使我的自我感觉良好。
6 □ 68. 我是一位忠实的朋友和伙伴。
2 □ 69. 我知道如何让别人喜欢我。
3 □ 70. 我很少看到别人的功劳和好处。
2 □ 71. 我很容易知道别人的功劳和好处。
3 □ 72. 我嫉妒心强，喜欢跟别人比较。
1 □ 73. 我对别人做的事总是不放心，批评一番后，自己会动手再做。
3 □ 74. 别人会说我常戴着面具做人。
6 □ 75. 有时我会激怒对方，引来莫名其妙的吵架，其实我是想试探对方爱不爱我。
8 □ 76. 我会极力保护我所爱的人。
3 □ 77. 我常常可以保持兴奋的情绪。
7 □ 78. 我只喜欢与有趣的人交友，对一些闷蛋却懒得交往，即使他们看来很有深度。

续表

2	□	79. 我常往外跑，四处帮助别人。
3	□	80. 有时我会讲求效率而牺牲完美和原则。
1	□	81. 我似乎不太懂得幽默，没有弹性。
2	□	82. 我待人热情而有耐性。
5	□	83. 在人群中我时常感到害羞和不安。
8	□	84. 我喜欢效率，讨厌拖泥带水。
2	□	85. 帮助别人达到快乐和成功是我重要的成就。
2	□	86. 付出时，别人若不欣然接纳，我便会有挫折感。
1	□	87. 我的肢体硬邦邦的，不习惯别人热情的付出。
5	□	88. 我对大部分的社交聚会不太有兴趣，除非那是我熟识的和喜爱的人。
2	□	89. 很多时候我会有强烈的寂寞感。
2	□	90. 人们很乐意向我表白他们所遭遇的问题。
1	□	91. 我不但不会说甜言蜜语，而且别人会觉得我唠叨不停。
7	□	92. 我常担心自由被剥夺，因此不爱作承诺。
3	□	93. 我喜欢告诉别人我所做的事和所知的一切。
9	□	94. 我很容易认同别人为我所做的事和所知的一切。
8	□	95. 我要求光明正大，为此不惜与人发生冲突。
8	□	96. 我很有正义感，有时会支持不利的一方。
1	□	97. 我注重小节而效率不高。
9	□	98. 我容易感到沮丧和麻木更多于愤怒。
5	□	99. 我不喜欢那些侵略性或过度情绪化的人。
4	□	100. 我非常情绪化，一天的喜怒哀乐多变。
5	□	101. 我不想别人知道我的感受与想法，除非我告诉他们。
1	□	102. 我喜欢刺激和紧张的关系，而不是稳定和依赖的关系。
7	□	103. 我很少用心去听别人的心情，只喜欢说说俏皮话和笑话。
1	□	104. 我是循规蹈矩的人，秩序对我十分有意义。
4	□	105. 我很难找到一种我真正感到被爱的关系。
1	□	106. 假如我想要结束一段关系，我不是直接告诉对方就是激怒他来让他离开我。
9	□	107. 我温和平静，不自夸，不爱与人竞争。
9	□	108. 我有时善良可爱，有时又粗野暴躁，很难捉摸。

表 7-4　精品酒店新员工入职登记表

申请岗位：　　　　　　　　　　　　期望薪资：　　　　　　　　　　填表时间：

姓名		性别		出生年月		籍贯		寸照
民族		身高		体重		血型		
政治面貌		健康状况		婚姻状况		专业职称		
最高学历		专业			毕业院校			
固定电话			手　机			邮　箱		
身份证号						居住地址		
户籍类型	城镇□		非城镇□	户籍所在地		（省）　（市）　（区）派出所		
紧急联系电话			联系人			关系		

家庭成员	姓名	称谓	工作单位	职务	联系电话

技能特长及爱好	
	计算机水平：__________　外语：语种__________　级别__________　其他技能：__________
	个人爱好及特长

工作经历

起止日期	工作单位	职务/主要工作职责	离职原因	薪酬	证明人及电话

教育背景

起止日期	学校/培训机构	专业/培训内容	所获学历/资质	脱产/在职	证明人及电话

能否出差		能否加班		能否接受工作调动	
是否曾在我公司应聘		是否有亲属或朋友在我公司工作	否□　是□　（姓名____________）		

本人现声明上述资料完全正确，本人同意如发现填报资料有虚假事实，公司有权终止本人的劳动关系，不作任何补偿，本人同意允许对上述资料进行查证及愿意接受必需的体检。

签名：__________　日期：____年______月____日

面试情况表（此内容由面试部门填写）

面试意见：□面试合格，考虑办理入职手续后试用

□ 面试不合格，建议淘汰

面试人：　　　面试日期：　　　年　　月　　日

用人部门意见：□面试合格，考虑办理入职手续后试用

□ 不予录用，原因：

面试人：　　　面试日期：　　　年　　月　　日

续表

录用情况(由店总经理/事业部总经理/行政人事部签署)
录用部门： 录用职务： 试用期： 个月 报到时间： 薪　资：☐ 按公司向光岗位薪酬标准执行 ☐ 特殊岗位，薪酬(试用期)： 审批人签字： 签字日期： 年 月 日

第二节　酒吧员工考核

一、实训操作

【实训项目】酒吧员工考核。

【实训要求】了解酒吧员工考核的内容及方法。

【评价标准】能设计出员工考核表。

二、基础知识

(一)考核内容

无论是对哪一个职位的员工进行考核都是为了得到以下全部或部分信息：

(1)工作知识。工作范围的专业知识及相关的指令、制度、设备等各方面的情况。

(2)工作(服务)态度。能否对工作(或客人)认真负责并积极主动地寻找解决问题和改善工作的方法。

(3)观察和分析能力。能独立发现问题并找出问题的原因。

(4)计划与控制能力。能预知各种情况，设计出长期有效的行动方案。

(5)判断与决断能力。能否领悟事情本质，并在作出正确的决断前没有不必要的拖延。

(6)领导能力。提出建设性的意见，使之付诸实施，采取必要的手段的能力。

(7)协调能力。为了酒吧的利益而与其他员工合作、协调的能力和主动性。

(8)开发能力。是否有能力发现和充分发挥员工现有和潜在的能力。

(9)工作量。准确的工作数量是多少。

(10)工作品质。正确、完善地完成工作的情况。

(二)考核方法

1. 自我评鉴

负责考核的人员将业绩考核的内容以问题的形式向员工提出来，让员工自己作出报告。

这种方法为员工反思、总结自己过去所做的工作提供了机会。员工们在经过系统的思考以后可以比较容易地发现自己的成绩和不足，甚至可以发现酒吧管理中存在的问题。

2. 排序法

这种考核方法类似学校里的“学生成绩榜”，就是根据所有员工的工作业绩好坏按顺序排列名次。这种方法的优点是一目了然，可以使每个员工都知道自己所处的位置。其缺点是人数多时做起来较困难，另外，它只限于同一岗位的人之间进行比较。

3. 对比法

将所有接受考评的每一个人都与其他人做比较。采用这种方法可使所有参加考评的员工进行有意义的比较，全面评价所有人的业绩。但其比较的次数要随着考核者人数的增加而呈几何级数增加。

4. 与绝对标准比较

一项工作的绝对标准往往是通过反复实践以后才被确定的，因此，可用以衡量一个人的工作业绩。

这种考核方法的优点一是标准明确，员工自己就能判断自己的工作是否符合要求，也有利于管理者对员工进行指导；二是绝对标准的组合可以根据实际情况的需要随时进行调整，有重点地矫正员工不符合要求的行为；三是这种方法不仅可以了解员工是否达到了标准，还可以了解他们在向标准努力的程度。

但这种方法也有缺点。比如，无论对多少人进行考评，标准只有一个，很难顾及每一个人的特殊性。此外，由于有了绝对标准，大家都已达到标准为目的，谁也不使自己的工作超出标准，这就限制了部分员工潜力的充分发挥。

三、能力测验

(1)简述酒吧员工考核的方法。

(2)设计酒吧使用的员工考核表，并制定相应的考核项目和考核方法。教师对此进行评分，将结果填入表 7-5 中。

表 7-5　员工考核表制作

考评内容	分数(分)	得分(分)
出勤	10	
实训态度	10	
考核项目	20	
考核标准	20	
美观度	20	
实用性	20	

第三节 酒吧绩效制度的建立

一、实训操作

【实训项目】酒吧绩效制度的建立。

【实训要求】使学生了解酒吧绩效制度的相关内容。

【评价标准】能以小组为单位，针对自身的实训，制定相关的绩效考核制度。

二、基础知识

通过对酒吧员工的个人绩效进行管理和评估，提高个人的工作能力和工作绩效，从而提高部门的工作绩效，最终实现酒吧的经营目标。员工绩效考评制度是对考核期内工作成果的综合评价，是考核各级员工成绩的记录，可以作为实训考核的依据。

(一)建立绩效考评制度的原则

(1)一致性：在一段连续时间之内，考评的内容和标准不能有大的变化，至少应保持同一周期内考评的方法具有一致性；

(2)客观性：考评要客观地反映员工的实际工作情况，避免由于光环效应、新近性、偏见等带来的误差；

(3)公平性：对于同一岗位的员工使用相同的考评标准；

(4)公开性：考评之后员工要知道自己的详细考评结果。

(二)绩效考评制度的内容

(1)重要任务：员工完成的重要工作，由任务布置者进行考评；

(2)岗位工作：岗位职责中描述的工作内容，由直接上级进行考评；

(3)工作态度：指本职工作内的协作精神、积极态度等，由部门内部同事或被服务者进行考评。

(三)绩效考评制度程序

(1)员工的直接上级为该员工的考评负责人，具体执行考评程序；

(2)员工对“岗位工作”和“工作态度”部分进行自评，自评不计入总分；

(3)直接上级一般为该员工的考评负责人；

(4)考评结束时，考评负责人必须与该员工单独进行考评沟通；

(5)具体考评步骤在各岗位的考评实施细则中具体规定。

(四)绩效考评制度其他事项

(1)公司的绩效考评工作由酒吧经营管理员负责;

(2)考评以小组为单位进行一次,考核时间为经营全过程;

(3)考评负责人在开展考评工作前要制定出考评标准,最好由专人负责,考评的成绩才有可比性;

(4)各岗位的考评实施细则在本制度基础上由酒吧经营教师团队、考评负责人及被考评人共同制定。

第八章

酒吧公共关系

第一节　酒吧公共关系概述

一、实训操作

【实训项目】酒吧公共关系概述。

【实训要求】了解酒吧公共关系的概念、构成和特点。

【评价标准】熟悉酒吧公共关系，在此基础上掌握酒吧开展公关活动的要点。

二、基础知识

公共关系是现代管理领域里很“亮”的一门实践性管理哲学。随着酒店行业的发展，公共关系和酒吧联姻已经成为必然。在知识经济浪潮的挑战下，传统的酒吧管理方式已不适应现代社会的发展，酒吧管理也必须走现代化的发展道路，而公共关系就是一门现代化的管理哲学，它利用一种“软性”的调节手段，为酒吧管理开创了一个新的领域。

酒吧管理的重要思想之一，就是在强烈的公关意识的指导下，开展各种卓有成效的公关活动，从而为酒吧创造一个良好的发展环境以及塑造独特的酒吧形象。为达到此效果，必须正确理解公共关系的基本内涵及特点。

(一)酒吧公共关系的概念

长期以来，人们对公共关系的理解都存在这样那样的偏差，或是将公共关系局限在各种专业色彩浓厚的专题公关活动上，或是将公共关系和吃喝玩乐、溜须拍马、送礼牵线等庸俗的活动等同起来。酒吧要很好地开展公关活动，首先就必须正确理解公关的内涵。

1. 酒吧公共关系的含义

酒吧公共关系是一门比较成熟的行业公关，它是酒吧通过传播活动和持久不断的努力，为提高酒吧的知名度和美誉度、影响公众行为，为塑造酒吧良好形象而进行的一项管理活动。一般来说，对于公共关系的理解，可以从静态和动态两个角度来进行。从静态的角度看，它表现为一种关系状态，这种关系状态反映了酒吧内部和外部各种关系的亲疏程度、好坏程度。作为一种状态，公共关系具有客观性的特点。因为任何一个组织，一经成立，就必然存在各种关系，包括员工和酒吧之间的关系、酒吧领导和基层员工的关系、酒吧和竞争对手之间的关系、酒吧和新闻媒介的关系、酒吧和上级主管部门的关系、酒吧和酒店的关系等。这些关系，就是这个酒吧公共关系状态的具体体现，它是不以人的意志为转移的客观存在，因此，任何一个酒吧，都应正视公共关系的这一特点。从酒吧创办初期，就应意识到公共关系作为一种状态是客观存在的，应具备强烈的公关意识，协调好方方面面的关系，创造一种和谐的公关状态。从动态的角度看，公共关系表现为一种活动，即一个酒吧为了协调各方面的关系，在社会上树立良好的形象而开展的一系列专题性或日常性公关活动的总和。这些活动始终贯穿酒吧的发展过程。值得注意的是，从动态的角度来理解公共关系，许多人认为是指各项专业色彩浓厚的专题公关活动，由公关人员精心策划、组织专门人员实施的各项"大手笔"等，如新闻发布会、大型庆典活动、大型酬宾活动等。其实，除了这些专题性活动外，公关活动的范围贯穿酒吧发展的全过程，它包括所有日常性的活动，如日常的服务活动、广告活动、礼仪活动等，实际上都蕴涵了丰富的公关思想。因此，酒吧应注意做好各方面的工作，事无巨细，都应认真对待。

总之，公共关系是一门全新的管理哲学，它要求酒吧在发展过程中具备良好的公关意识，切实开展各类公关活动，以便保持一个良好的公关状态。

2. 酒吧公共关系的构成

酒吧公共关系是一项专业性的行业公关，它由三方面的要素构成，即公关的主体、客体和手段。

(1)公关的主体

公关的主体是指在公关活动中居于主动地位的个体或组织的总称，是公关活动的实施者和倡导者。作为公关的主体应具备强烈的公关意识，并能根据变化的内外环境适时、适地开展公关活动。

酒吧公共关系的主体就是酒吧。酒吧要想有自己鲜明的行业特色，就必须在开展公关活动时结合自己的行业特点来组织各类公关活动。

(2)公关客体

公关客体是指在公关活动中处于被动地位的组织或个体的总称，是公关主体的作用对象或是活动对象。相对于公关主体而言，公关客体具有被动性的特点。当然，这种被动性也是相对的，在特定的情况下，公关客体也会对公关主体产生一定的作用力。

对于酒吧而言，公关活动面临的客体无论是在数量上还是在性质上，都具有多样性的特点。并且，客体也都具有鲜明的行业特色。因此，酒吧在开展公关活动时应充分了解公关客体的特征、态度，尤其是要了解公关客体的各种共性需求和个性需求，在此基础上，结合主体的特点有针对性地开展公关活动。

(3)公关手段

公关手段是联系公关主体和公关客体的桥梁，通过公关手段，使得主体和客体发生关系。最常用的公关手段是传播沟通活动。通过形形色色的传播沟通活动，在公关的主体和客体之间搭起一座信息流通的桥梁，使得公关主体和客体在信息充分共享的基础上，达到一种关系比较优良的状态。

当然，对于酒吧而言，可供利用的公关手段是很丰富的。就拿信息传播沟通手段而言，就有语言沟通、非语言沟通、电子媒体沟通、印刷媒体沟通、其他媒体沟通等手段。不同的沟通手段有不同的特点，酒店应该根据不同的公关目的、公关活动来选择不同的传播沟通手段，以使沟通效用最大化。

(二)酒吧公共关系的特点

酒吧公共关系的特点凸现了酒吧公共关系的真实面貌，这些特点包括：

1. 以公众为对象，了解公众、满足公众

这一特点表明了酒吧公关活动的对象是形形色色的公众，而不是其他的事或物。所谓公众指的是与酒吧有联系的组织和个人的总称。这些公众之所以和酒吧发生联系，是因为他们和酒吧之间存在不同的关系，如协作关系、竞争关系、归属关系、买卖关系、消费需求关系等。这就要求酒吧在开展公共关系时要善于察言观色，通过不同的途径了解不同公众的不同特点和不同需求，了解不同公众的思想状态和心理想法，了解不同公众的价值取向和发展趋势。根据这一切把握恰当的公关时机，选取不同的公关方式，有效地开展各类公关活动，让公众意识到他们是受尊重的、被理解的、被认识的。也就是说，酒吧在开展公关活动时，应以“公众的需求”作为一切问题的出发点和归宿。对于酒吧而言，建立一个和谐完美的关系网络，为酒吧的生存和发展创造一个良好的人事环境和社会环境，就成为酒吧公关的首要和关键的任务。

2. 以美誉为目标，塑造形象，增加美誉

这一特点揭示了公关活动的最终目标是为公关主体也就是酒吧塑造一个良好的社会形象，这是公关活动的核心目标。在当今酒吧竞争中，良好的形象已经成为一个有力的竞争资本。因此，公关活动应始终围绕酒吧形象的塑造开展工作。酒吧之所以开展公关活动，其根本的目标是树立良好的形象，扩大酒吧的知名度和美誉度，在此基础上获得经济效益的增加。酒吧在开展公关活动时，应着眼于长远利益而不是追求近期的经济效益。

3. 以互惠为原则，平等互利，协调发展

这一特点要求酒吧在开展公关活动时，应强调主体利益和公众利益的平衡协调发展。公关思想要求酒吧在处理主体、公众和全社会利益时，强调利益的公共性和共享性。公关的主体和客体之所以发生联系，是以一定的利益关系为基础的，正是利益因素作纽带，才把公关的主体和客体有机地联系在一起。公关的价值取向是强调主体、客体和社会三者利益的有机统一，即酒吧在开展公关活动追求自身利益的同时，必须担负起相应的社会责任，兼顾客体即公众的利益，要平等互利、相互帮助，谋取主体和客体之间的长久合作和主体与社会的共同发展。违背此原则，公关活动就会变成庸俗关系，如社会上一度盛行的所谓的公关活动就是吃喝玩乐、溜须拍马、送礼牵线等，实际上就是把公关理解成庸俗关系。其实，公共关系是对庸俗关系的否认。

4. 以长远为方针，持之以恒、长期努力

这一特点说明开展公关活动必须具有连续性和计划性。良好的公关效果是在有计划地长期努力下才能形成的。公关不是一个短期的行为，它不是为了一时一事的眼前利益，也不计较一时一地的得失功利，而是经过周密计划、科学运筹而妥善实施的一系列战略战术，是公关主体为了追求长期的、稳定的、战略性的合作关系而进行的长期性的努力。这种努力不是一朝一夕的事，不是一蹴而就的。并且，酒店一旦已经建立了良好的形象之后，不能就此止步，而必须依据环境的变化及时调整公关策略，长期坚持，使得酒店的发展与社会环境的变化保持同步。

5.以诚实为信条，广结良缘，信誉天下

这一特点要求酒吧在开展公关活动时应强调真实。首先，公关活动的内容要真实。所谓的“诚招天下客，信得万人心”，对于酒吧而言，失诚、失信就等于失去了公众，因此，公关活动应严格以诚实为信条开展活动。其次，对公众的态度要诚恳、守信用，做到表里如一、言行一致。弄虚作假、欺骗公众、唯利是图的做法都是行不通的，是违背公关的精神的，最终的结果只能是搬起石头砸自己的脚。

6.以信息传播为手段，双向沟通，内外交流

公关的本质就是公关主体与其相关的公众之间开展的一种全方位的信息沟通活动，因此，公关主体应以信息传播为手段，与自己的内外公众进行沟通，使得公关的目标能够实现。但是，酒吧在利用信息传播手段进行沟通时，要注意双向的信息沟通。一方面酒吧要及时、准确、有效地将本酒吧的信息传递给相关的公众，使公众认识、了解、喜欢，进而拥护和支持自己；另一方面，酒吧要迅速、及时、准确地收集来自目标公众的反馈信息，了解舆论和民意，以调整自己的行为，改善自己的形象。这种双向的信息传播是实现公关内外信息交流的重要手段，是公关的重要特征。

7.以创意创新为生命，以特见长，出奇制胜

公关活动的吸引力在于以独特的思维和新颖的内容制胜，因此，酒吧在开展公关活动时，应注重创意公关，以“新、奇、特”取胜，人云亦云永远不能成为有效的公关。当然，“新、奇、特”应把握在一定的度内。这个“度”要求酒吧在开展公关活动时，综合考虑以下四个方面的因素：

(1)政府支持：公关策划的事件有一定的社会意义，能够得到政府的支持；

(2)公众关心：公关内容应贴近公众的生活，走进公众的生活，能引起公众的兴趣；

(3)媒介关注：公关的内容同时也是新闻媒介追求的焦点或热点；

(4)组织受益：公关活动的效果能给酒吧带来较大的收益。

以上四个方面有机结合，才符合“创意公关”的要求；否则，就容易因为超出度而失去公关的可承受性，影响公关的效果。

8.以主动公关为先导，预防为主，防治结合

公关活动的基本任务是协调各方面的工作，为公关主体的发展创造一个良好的环境。这就要求酒吧在开展公关活动时，应具备准确预测未来的能力，在听到歪曲了的“小道消息”前，在发生各种大纠纷之前，积极公关，不要等弄得满城风雨才想到用公关手段来“平息”风雨，而应具备忧患意识，通过开展各类公关活动，将有可能引发各种不测事件的因素消灭在萌芽状态。在日常的管理中，要及时倾听民意，体察民情，及时理顺上下内外各种关系，及早搬开横在酒吧发展道路上的绊脚石，使酒吧在发展之路上一帆风顺。

第二节 酒吧 CIS 导入

一、实训操作

【实训项目】酒吧 CIS 导入。

【实训要求】了解公共关系的概念、构成和特点，能熟练进行酒吧 CIS 运作。

【评价标准】自选一主题，为酒吧设计 CIS 方案，并投入实施，辅助酒吧经营。

二、基础知识

CIS 作为一门全新的经营管理哲学，传入我国的时间并不长(20 世纪 80 年代末期传入)。但是却产生了极大的影响，它以形象为中心，站在酒吧经营与国际接轨的高度，注重从酒吧的理念、行为、视觉、听觉等方面进行全方位的识别设计，形成一套独特、新颖、鲜明、引人入胜的标识系统，充分发挥形象在当今酒吧竞争中的魅力。CIS 正被越来越多的酒店或者营利性酒吧所采用，它是企业形象策划、设计、传播和管理的战略，是制造酒店或者营利性酒吧形象优势、产品优势和竞争优势的新型战略，是一项科学调控各种有效资源的系统工程。作为一门全新的形象哲学，CIS 被认为是公关活动的延伸和发展。

(一)CIS 的含义

CIS 是英文 Corporate Identity System 的缩写，有的也称之为 Corporate Image System 的缩写，在中文中，一般翻译为企业形象识别系统或企业身份战略。具体而言，它是指一个企业运用独特、新颖、鲜明、引人入胜的标识，将企业的内在气质和外显特征，通过传播向企业的公众进行宣传，借以树立企业良好的社会形象，达到促销的最终目的。酒店和酒吧都需要 CIS 这个概念，可以从以下几个方面来深化认识：

1. CIS 的内容

CIS 的内容主要是传播企业的内在气质和外显特征。内在气质指的是企业在生产经营管理过程中应该达到的发展目标、应该遵守的经营信条、应该奉行的价值观念、应该体现的精神风貌、应该框定的活动领域。外显特征主要是指企业开展的种种活动以及各种能够被人的视觉所获知的环境要素、人员要素、物质要素的总称。

2. CIS 的表现形式

CIS 通过一系列完整的、独特的识别系统来表现其精神内涵。这些识别系统是企业区别于同类企业，表现自己独特个性的“代号”。一旦这些代号出现在公众面前，公众马上会联想到它们所代表的企业，即这些代号有强烈的可感知性。这种可感知性是和某个企业联系在一起的。

3. CIS 的宣传手段

CIS 不是设计好放在总经理的抽屉里就大功告成了，而是要通过一定的手段来“广而告之”的。酒吧可以通过报纸、电视、杂志、户外广告、网络、自办刊物、人际交往等手段，向企业的公众传播、解释、宣传 CIS 的含义，也可通过举办新闻发布会、组织 CIS 培训班等形式来宣传、扩散，总之，要将 CIS 的种种要素落到实处，谨防“只说不做”。在传播过程中应努力维护各类传播渠道的顺畅，防止信息过多受外界干扰，确保信息的“精确度”。

4. CIS 的职能

CIS 的职能是处理好企业和内外公众之间的关系。企业的发展需要有一个最佳的社会环境，需要正确处理好企业与公众的关系。这就要求企业的经营理念和经营活动要符合时代要求和社会发展的大趋势，要有社会使命感，要与公众的利益相一致。酒吧与公众只有利益一致才能产生认同感和共同的价值观，酒吧形象才能在公众心目中树立起来。

5. CIS 的活动效果

企业导入 CIS，就如中医辨证施治，而不是头痛医头、脚痛医脚。对于酒吧而言，导入 CIS 是酒店的一项长期储蓄，其效果不可能立竿见影，但是经过一段时期的努力后，CIS 的效果将会逐步凸现，并且这种效果具有滞后性、全局性、战略性和长期性的特点。

6. CIS 的目的

CIS 的最终目的是树立良好的社会形象，使得企业形成一个发展、壮大、再发展、再壮大的良性循环系统，并且不断改善和加快这个系统的循环，使得企业在竞争中脱颖而出，立于不败之地。

可见，CIS 的实质是一种酒店或者酒吧等企业差异化、风格化、个性化的战略体系。它将这些企业的各种要素简单地浓缩成一个简洁的视觉符号，一种鲜明的色彩基调，一句凝练的口号，一系列丰富的行为……这些符号、色彩、口号、行为等全方位运转，给社会公众造成一种强烈的冲击和震动，引起公众对这些企业的关注、熟识、记忆，形成对该企业的深刻印象，产生对该企业的偏爱和信任，最终形成一种心理和思维上的定式，并与酒店或酒吧等企业建立一种稳固的合作关系、支持关系、信赖关系。

（二）CIS 的构成要素

CIS 由 MIS、BIS、VIS 三大要素组成，这三大要素有机结合、相互作用，共同塑造酒吧的形象。

1. 理念识别系统（Mind Identity System，MIS）

理念识别系统是企业形象识别系统中最重要的因素，它是整个 CIS 的核心，是源泉，是灵魂。简单地说，理念识别系统就是酒店或酒吧等企业构建的一种价值体系，这种价值体系能得到社会的普遍认同，能体现企业自身个性特征，能促进并保持企业正常运作以及长远发展，能反映出企业明确的经营意识。因此，它必须具备能被浓缩、被简化、被迅速传播、被普遍识别、被广泛认同的特点。

理念识别系统主要包括以下几方面的内容：

（1）战略目标

战略目标是酒店在较长时间内指导全局的总方针、总计划。它要求酒店或酒吧以全局为对象，综合考虑供应、生产、技术、销售、服务、财务、人事等多方面因素，根据社会、酒店或酒吧、人才的总体发展需要来制定企业经营活动的行为纲领和奋斗目标。这是一种面向未来、向前看的目标系统，它包括企业的人才目标、市场目标、社会贡献目标、利润目标和服务目标。

战略目标的确定是一种预测未来的工作，要求酒店或酒吧等企业在复杂多变的竞争中选择适合自己生存发展的战略目标，因此，在确定时会遇到许多模糊的、不确定因素的影响。这就需要企业的决策层高瞻远瞩，依靠群体力量，借助公关的咨询作用，确立科学的、合理的，又具有一定超前性和可行性的战略目标。

(2)经营理念

经营理念是酒店或酒吧运作的基本特色，是决定企业个性的重要组成因素。对于酒吧而言，其经营理念要有独特性，即酒吧要根据自身所处的地理条件、硬件构造等来确定经营理念，不要一味模仿他人的做法。因此，经营理念的生命力在于“以特取胜”。

(3)酒吧文化

在现代竞争环境中，越来越多的酒吧开始注重文化在酒吧发展中的作用。酒吧要以文化为根，经济为叶，才能取得大发展，因为根深才能叶茂。酒吧文化就是一种全新的文化管理哲学。它是酒吧在发展过程中逐步形成，并根植于酒吧全体员工心目中的精神观念总和，由酒吧精神、价值观念、行为准则、职业道德等内容构成，其核心是酒吧精神。

2.行为识别系统(Behavior Identity System，BIS)

行为识别系统是酒店或酒吧等企业在经营过程中采取的种种活动的总称，是理念识别系统的具体体现。行为识别系统通过开展形形色色的活动，把企业抽象的理念外化、动化，让公众真切地体会到“内在思想和外在行动”的有机统一。

酒吧行为识别系统主要由内部行为识别和外部行为识别两方面内容构成。

(1)酒吧内部行为识别

内部行为识别的活动重心是酒吧内部，其活动的主体对象是酒吧内所有的员工。通过开展内部行为识别，旨在理顺酒吧内部各种关系，加强员工的整体素质，减少内部摩擦系数，促进酒吧整体的有机、高效运转。因此，它多表现为酒吧的管理活动。这些管理活动包括：

①设计组织机构：包括确定组织管理体制、确定工作范畴等。

②设置岗位职责：设置岗位，要确定岗位职责，使酒吧业务实际运转起来。

③规范服务过程：制定、实施服务规程。

④人力资源管理：包括制定各项招聘、培训、考核、奖惩、工资、晋级等管理制度，并将以上制度加以落实。

⑤严格质量管理：包括围绕提高酒吧产品开展的一系列活动。

(2)酒吧外部行为识别

外部行为识别的活动重心是酒吧外部，其活动的主体对象是酒店外部广大的公众。通过开展外部行为识别活动，旨在改善酒吧与各类外部公众的关系，为酒吧的发展创造一个和谐的外部环境。外部行为识别活动主要包括：

①开展周密的市场调查活动；

②做好产品的促销工作，如广告活动、公共关系活动等；

③组织各类新闻宣传活动；

④开展健康的社区交往活动。

酒吧在开展行为识别活动时，应坚持“外化理念”、“内外兼顾”、“立足长远”、“防微杜渐”的原则。

3. 视觉识别系统(Visual Identity System,VIS)

视觉识别系统是酒吧静态的识别系统,它通过各种符号传递酒吧的理念和活动,是酒吧形象识别系统中最具传播力和感染力的要素。

视觉识别系统由基本要素和应用要素两大块组成:

(1)基本要素

根据信息传递的实际情况,我们把那些相对稳定的信息称为基本要素,即这类要素都是酒吧的形象代表,一旦确定,一般就不会轻易改变。基本要素包括:

①酒吧的名称;

②酒吧的标志;

③酒吧的标准字体;

④酒吧的标准色;

⑤酒吧的活动造型;

⑥酒吧的象征图案;

⑦酒吧的宣传口号。

(2)应用要素

各类基本要素作为酒店的形象代表,必须被广泛地加以宣传才有效,否则就形同虚设,发挥不了应有的效力。这些基本要素的传播需要借助于一定的载体,这些信息传播的载体就是应用要素。酒吧可以顾客流作为基本顺序线,寻求可资开发的"自控"载体。一般来说,这些载体包括以下几大类:

①酒吧的建筑造型和环境布置。酒店建筑不仅是工作和消费的主要场所,而且还是凝固的语言。建筑物的材料、色彩、质地以及内部的装潢格调、灯光布置,都形象地传递了品牌内涵以及所蕴涵的文化特色。

②各类办公用品。各类办公用品是传递品牌信息的基础单位,是对内、对外沟通的直接手段,它不仅具有公务上的实用性,而且还具有宣传上的特殊功能。利用它们来传递品牌信息,既无损于其本来的实用价值,又无须另外增加经费;既服务于企业,又向公众传递了品牌信息。在企业这些办公用品上,酒吧应按照设计手册上的规定格式,印上酒吧的标准的标志、名称等基本要素,给使用者和接触者留下深刻的品牌印象。

③酒吧员工制服系列。员工的制服不仅展现了员工的精神风貌,而且是体现酒吧品牌特色的直观形式。酒吧可根据不同的等级、不同的部门、不同的岗位,设计出大区域相区别、小范围相统一的员工制服,体现品牌特征。

④各类指示性、标识性物品。酒吧内部多设立了各种指示性或标识性符号,常见的是员工的铭牌、名片以及各种符号标识,这些物品也可表达品牌所蕴含的意义。在方便公众识别的同时,也鞭策员工努力进取,共同维护酒吧的良好品牌形象。

⑤宾客用品系列。宾客用品系列,如杯垫等,是最丰富的品牌信息载体。因为酒店或酒吧提供给消费者的产品,大量地需要借助于一定的物质实体来完成。这些物质实体,也是难得的信息传递载体。

⑥店内广告。酒吧在日常经营过程中,势必要借助于店内广告来做各类宣传。在这些广告作品中,酒吧应一如既往地体现酒店或酒吧的品牌特征,借助于这些品牌特征来保障广告活动的系统性和连续性,同时,依赖广告来宣传酒吧的品牌信息。

酒吧在利用上述"自控"媒介进行品牌宣传时,应出奇制胜,要用精练的语言、幽默的画面来表达既有品牌特色又能被广大公众乐意接受的品牌信息。

CIS的三大组成部分是一个有机的整体，三者缺一不可，必须保持和谐统一、高度一致。中国CIS的创始人之一贺懋华先生对于CIS的三要素有一个生动的比喻：MIS是CIS的策略面，是企业的心，看不见却统帅一切，它指导BIS和VIS；BIS是CIS的执行面，是企业的手；VIS是CIS的展开面，是企业的脸；BIS和VIS共同将MIS具体化、可见化。

(三)CIS的构建程序

作为一种现代化的经营管理哲学，越来越多的酒吧开始导入CIS。为了确保CIS的顺利实施，酒吧必须明确导入CIS的步骤。一般的，导入CIS包括以下几个步骤：

1. 准备阶段

(1)提案阶段：由酒吧的总经理或外界的CIS专家提出导入CIS的建议，利用翔实的数据和严密的分析，阐明酒吧导入CIS的必要性。

(2)概念澄清阶段：组建CIS培训小组，向公众解释CIS的基本含义以及功能。在全体员工中，做好五个转变，树立五种观念：

①转变导入CIS是花钱的观念，树立导入CIS是投资行为的观念；

②转变导入CIS是领导行为的观念，树立导入CIS是群体行为的观念；

③转变导入CIS是一阵风的观念，树立导入CIS是需要长期坚持的观念；

④转变导入CIS是装点门面的观念，树立导入CIS是系统工程的观念；

⑤转变导入CIS是见效甚微的观念，树立导入CIS是综合获益的观念。

(3)组建CIS委员会：由酒吧高层领导、CIS专家、财务主管、相关智能部门等人组成酒吧的CIS委员会，由酒吧的高层领导人兼任CIS委员会主席。该委员会具体负责制订CIS的推进计划、监督各项措施的落实、检查各项工作的开展情况等，如为学生实训，可由学生负责不同的岗位角色。

(4)选择协作单位：导入CIS会涉及一些专业性很强的知识，如各种色彩语言、符号语言、字体语言等的设计。因此，酒吧一般都会请专业的设计策划公司进行策划设计。

(5)CI提案修正：具体、细致地对原先的提案进行修改，着重说明导入CIS的流程及各个流程的具体内容、时间进度、经费预算、主要负责人等，使之成为CIS导入的纲领性文件，同时也为以后的监督测评提供对比的依据。

2. 调查研究阶段

(1)明确调查研究的必要性：通过酒吧发展的纵向比较以及与竞争对手的横向比较，充分了解调查研究的重要性和迫切性，明确调查研究是导入CIS的基础。

(2)确定调查内容和对象：调查的内容主要是酒吧形象现状以及酒吧视觉识别要素的被识别情况。调查对象是酒吧众多的内外公众，其中重点是员工和宾客。

(3)调查阶段：采用各种调查方法，深入调查，搜集各类与调查主题相关的详尽资料。

(4)形成调查报告：以规范、严谨的文字，说明调查的经过，重点分析调查发现的各类问题，指明酒吧今后努力的方向。

3. 定位策划阶段

(1)明确酒吧的类型：本酒吧应定位于哪一类酒吧，是闹吧还是静吧。

(2)明确主要公众的需求：了解各类公众的特点和需求，从公众的需求和酒吧的实际出发来选择本酒吧形象的突破口。

(3)正确定位:定位是指酒吧的档次定位、客源定位、市场定位、产品定位。

(4)进行策划:根据已定好的形象,策划各种标识系统,主要是视觉识别要素中的基本要素,并最终形成具体的、可行的策划书。

4. 实施管理阶段

(1)合理选择导入CIS的时机。一般来说,导入CIS的最佳时期为:

①酒吧创立之初;

②酒吧推出比较大的、全新的服务项目时;

③周年纪念日;

④酒吧合并或重组时;

⑤出现形象危机或经营危机时。

(2)合理地选择导入的方式:酒吧可根据自己的经济实力考虑是全方位集中导入还是分阶段、分部门导入。

(3)加强导入管理:主要从经费、人员等方面进行监督管理,确保CIS的系统导入。

5. 成果发表阶段

(1)通过比较,选择恰当的发表媒体。

(2)科学设计发表内容,注意掌握发表重点,在发表过程中要防止信息的失真。

6. 检测评估阶段

从新闻舆论分析、营业效果比较、公众态度的变化等角度作对比,检测导入CIS的效果,对照提案总结成败得失,并进一步修正提案,不断提高形象建设工程的质量。

三、能力测验

(1)简述酒吧公共关系的含义。

(2)简述酒吧公共关系的特点。

(3)自选一主题,构建酒吧CIS程序。由教师进行评分,并将结果填入表8-1中。

表8-1　酒吧CIS构建考核表

考评内容	分数(分)	得分(分)
协作能力	10	
准备阶段	10	
调查研究阶段	20	
定位策划阶段	20	
实施管理阶段	20	
成果发布阶段	20	

参考文献

1. 傅生生、郑渊:《酒水服务与酒吧管理》,东北财经大学出版社 2012 年版。
2. 王文君:《酒水知识与酒吧经营管理》,中国旅游出版社 2001 年版。
3. 王天佑:《酒吧经营与管理》,旅游教育出版社 1998 年版。
4. 国家旅游局人事劳动教育司:《调酒》,高等教育出版社 1993 年版。
5. 胡永强:《酒吧与调酒》,中国经济出版社 1998 年版。
6. 国家旅游局人事劳动教育司:《酒水知识与服务》,旅游教育出版社 2004 年版。
7. 贺正柏、祝红文:《酒水知识与酒吧管理》,旅游教育出版社 2006 年版。
8. 何丽芳、牛小斐:《酒店酒水服务与管理》,广东经济出版社 2005 年版。
9. 熊国铭:《现代酒吧服务与管理》,高等教育出版社 2005 年版。
10. 于英丽、李丽:《餐厅服务技能实训教程》,东北财经大学出版社 2006 年版。
11.《实用调酒技艺 VCD》,中国劳动社会保障出版社 2003 年版。
12.《鸡尾酒调制与鉴赏 VCD》,北京市青少年音像出版社。
13.《鸡尾酒调制技法 VCD》,金盾出版社。

高职高专旅游大类十二五规划教材

简　介

本规划教材深化人才培养模式改革，在教育观念、课程体系、教学内容、教学方法和实践环节等方面进行探索和创新，是符合高职高专教育教学改革实际的教材，为推进高职人才培养模式和加快培养生产、建设、管理、服务一线需要的高技能人才提供坚实保障。

核心点——培养产业发展急需的高技能人才；

切入点——推行工学结合、校企结合；

内容点——体现新知识、新工艺、新技术的专业课程教材、实训教材和体现闽台职业教育资源共建共享的闽台合编教材。

书　目

专业课程教材			
旅游行业认知	中国旅游地理	旅行社经营与管理	旅游景区服务与管理
旅游市场营销	现代饭店管理	导游业务	前厅客房服务与管理
中国主要旅游客源国/目的地概况	餐饮服务与管理	旅游人力资源管理	旅游英语精读
实训教材			
导游情境英语	模拟导游(英文)	旅游摄影	旅游交通票务
餐饮服务技能	中餐制作技术	中西点制作技术	西餐制作技术
客房服务技能	茶艺服务技巧	前厅服务技能	模拟导游实训教程
饭店情境英语	酒吧操作实务	礼仪与形体训练	领队实务
旅游资源鉴赏	休闲运动营销实务		
闽台合编教材			
茶文化旅游设计	闽台旅游产业政策与法规	闽台旅游景观经济文化	休闲与健身运动心理学原理与应用
休闲管理实务	旅游英语视听说	饮食与健康	温泉旅游服务与管理
闽台旅游基础知识			

图书在版编目(CIP)数据

酒吧操作实务/傅生生主编.—厦门:厦门大学出版社,2013.7
ISBN 978-7-5615-4500-3

Ⅰ.①酒…　Ⅱ.①傅…　Ⅲ.①酒吧-商业经营-高等职业教育-教材②酒吧-商业管理-高等职业教育-教材　Ⅳ.①F719.3

中国版本图书馆CIP数据核字(2013)第000348号

厦门大学出版社出版发行
(地址:厦门市软件园二期望海路39号　邮编:361008)
http://www.xmupress.com
xmup @ xmupress.com
厦门市明亮彩印有限公司印刷
2013年7月第1版　2013年7月第1次印刷
开本:787×1092　1/16　印张:10.5
字数:268千字　印数:1～3 000册
定价:18.00元